DIANWANG QIYE WUZI GUANLI
ERP MM DE YANJIU YU YINGYONG

电网企业物资管理
——ERP MM 的研究与应用

钱仲文　　王锋华　　张旭东　编著

中国电力出版社
CHINA ELECTRIC POWER PRESS

内 容 提 要

　　本书是国网浙江省电力有限公司运营监测（控）中心基于现代物资管理理论，结合近年来对企业资源管理（ERP）的监测分析案例，对 ERP MM 的企业运营最佳实践经验的阶段性总结成果，内容全面、图文并茂、深入浅出。其主要内容包括电网企业物资管理应用概述、物资主数据管理、物资计划与采购管理、物资合同管理、物资质量管理、物资仓储管理、废旧物资管理的相关概念、业务流程、应用情况以及 ERP MM 业务数据的价值挖掘案例。

　　本书可供电网企业各层级管理人员和物资业务人员学习借鉴，也可为其他行业及广大 ERP 从业人员提供参考。

图书在版编目（CIP）数据

电网企业物资管理：ERP MM 的研究与应用 / 钱仲文，王锋华，张旭东编著. —北京：中国电力出版社，2018.7（2021.7重印）

ISBN 978-7-5198-2059-6

Ⅰ. ①电… Ⅱ. ①钱… ②王… ③张… Ⅲ. ①电力工业－工业企业管理－物资管理 Ⅳ. ①F407.610.65

中国版本图书馆 CIP 数据核字（2018）第 102004 号

出版发行：中国电力出版社
地　　址：北京市东城区北京站西街 19 号（邮政编码 100005）
网　　址：http://www.cepp.sgcc.com.cn
责任编辑：孙　芳（010-63412381）
责任校对：王小鹏
装帧设计：王英磊
责任印制：蔺义舟

印　　刷：北京九州迅驰传媒文化有限公司
版　　次：2018 年 7 月第一版
印　　次：2021 年 7 月北京第四次印刷
开　　本：787 毫米×1092 毫米　16 开本
印　　张：7.5
字　　数：169 千字
定　　价：60.00 元

编 委 会

前言

随着国民经济的高速增长，各行各业在市场中的竞争越发激烈，同时对于用电需求的要求也越来越高。借助信息化技术来提高物资管理水平已成为企业提高自身管理效率和质量的重要趋势。当前电网企业通过 ERP 的实施，打造契合自身业务特点的物资供应链管理体系，实现全过程管控与业务支撑，有效保障电网发展的物资供应。

本书是电网企业 ERP 应用系列丛书的第二部书籍，后续作者还将从电网企业的人力资源管理、财务管理等专业角度，分别编制 ERP HR、ERP FICO 等模块在各自专业管理方面的具体应用与探索的相关书籍。

本书根据电网企业物资管理特点，以物资全过程管理为主线，划分为八个章节，涵盖电网企业物资管理应用概述、物资主数据管理、物资计划与采购管理、物资合同管理、物资质量管理、物资仓储管理、废旧物资管理、ERP MM 业务数据的价值挖掘等业务内容，并对各业务内容的系统应用解决方案分别进行详细阐述。

1　电网企业物资管理应用概述。本章简要介绍电网企业物资管理发展历程、电网企业物资管理的特点及其内容，阐述电网企业物资管理的信息化支撑需求，最后回顾电网企业 ERP MM 实施对物资管理的提升作用。

2　物资主数据管理。本章主要介绍主数据的作用、物料主数据与供应商主数据的申请维护流程，阐述 ERP MM 在物料主数据与供应商主数据维护业务方面的应用解决方案。

3　物资计划与采购管理。本章主要介绍物资计划管理、物资采购管理的相关概念及其业务流程，并介绍 ERP MM 的批次管理功能、采购申请功能、物资采购管理功能，以及如何实现对不同物资计划提报的管理，如何支撑不同采购业务的开展。

4　物资合同管理。本章主要介绍物资合同签订管理、物资合同履行管理、物资合同结算管理的相关概念及其业务流程，并阐述 ERP MM 在物资合同签订、合同变更、履行管控和合同结算效率提升方面的应用解决方案。

5　物资质量管理。本章主要介绍物资监造管理、物资抽检管理的相关概念及其业务流程，并阐述 ERP MM 在物资质量监督业务方面的应用解决方案。

6　物资仓储管理。本章主要介绍仓库标准化管理、物资库存管理、物资配送管理的相关概念及其业务流程，并介绍 ERP MM 的仓库结构信息管理功能、物资出入库功能、MRP 功能、配送管理功能，以及如何推进仓库标准化管理、物资作业规范化管理。

7 废旧物资管理。本章主要介绍物资报废管理、废旧物资处置管理的概念及其业务流程，并介绍 ERP MM 的报废管理功能、处置计划管理功能、销售管理功能，以及如何促进废旧物资资源的有效利用。

8 ERP MM 业务数据的价值挖掘。本章主要介绍 ERP MM 在电网企业业务数据价值挖掘方面的应用案例。

本书在编写过程中，参阅借鉴了相关人员的研究成果及案例，在此对他们表示深深的谢意。

本书主要是对电网企业物资管理业务流程的思考以及对应 ERP MM 应用解决方案的探讨。鉴于电网企业存在的差异性，读者可能在管理业务、应用解决方案选择中存在不同的见解。同时由于编者水平有限，本书难免存在不妥之处，敬请广大读者批评指正。

编　者

2018 年 6 月

电网企业物资管理应用概述

本章主要介绍电网企业物资管理发展的历程、物资管理的特点及其内容，总结传统物资管理中存在的不足，指出电网企业物资管理对信息化建设的迫切需求，同时介绍了 ERP MM 统一平台的相关定义、实施过程及作用。

1.1 电网企业物资管理的发展

1.1.1 电网企业物资管理的历程

物资是物质资料的简称。在企业生产中，物资是指商品生产过程所消耗的各种生产资料。物资是企业发展的基本要素和核心资源之一。

物资管理是指企业在生产过程中，对企业所需物资的采购、使用、储备等行为进行计划、组织、协调与控制。过去的物资管理理念侧重于资源的占有、分配；现在的物资管理侧重于通过系统的管理，实现对物资资源的最优化配置。

物资管理的概念有广义与狭义之分，广义的物资管理概念是指从物资原材料到形成物资的管理、物资产品到物资消耗殆尽直至物资报废等环节的管理。狭义的物资管理是指从物资入库到物资出库等环节的管理。物资管理的内容主要包括物资计划制定、物资采购、物资使用和物资储备等。

随着社会主义计划经济到社会主义市场经济的变革，电网物资管理也由计划统配发展到自主经营，物资供应打破计划经济的供应模式，各单位相继成立物资公司，具有独立的采购权限，对电网物资供应以销售的形式进行，自负盈亏、独立经营。

自 2002 年以后，电网企业将物资管理从分散向集约转变，将"单一招标"采购向"供应链"全过程管理转变，物资管理经历了分散自采、两级集中规模招标、物资集约化管理、物力集约化管理四个阶段。

第一阶段（2002—2004 年）为分散自采阶段。电网企业各级单位负责各自业务范围内的物资采购，采购权限分散在省、地、县公司等多个层面。

第二阶段（2005—2008 年）为两级集中规模招标采购阶段。电网企业探索建立两级招标管理体系，逐步推进两级集中规模招标。

第三阶段（2009—2012 年）为物资集约化管理阶段。在电网企业总部与省公司层面设立两级物资管理组织体系，有效整合系统资源，推行物资统一归口管理，推进物资标准化与物资信息化工作。

第四阶段（2013 年至今）为物力集约化管理阶段。电网企业逐步实现两级招标管理向一级集中管控模式的转变，加强物资供应链全过程管理，围绕物力资源的科学配置和高效利用，强化对物力资源的集中管控和统筹调配。

1.1.2　电网企业物资管理的特点

与传统生产制造企业相比，电网企业的物资管理有其自身的特点：

（1）电网物资成本占比高。物资费用在电力生产成本和基本建设工程投资中都占有较大的比重，物资供应链管理的优秀与否直接决定电力工程成本的浮动程度。

（2）电网物资供货时效性要求严。电力生产具有高度的连续性，发电、输电、变电、配电、售电是同步进行的，物资管理贯穿着整个生产过程，物资生产周期长并且供应节点必须紧密契合生产计划，供货时效性影响电网企业的正常运营。

（3）电网物资可靠性要求高。电网物资种类繁多、产品质量参差不齐，高水平物资可靠性管理是电网企业安全稳定运行的重要保障，也是社会健康有序发展的重要支撑。

1.1.3　电网企业物资管理的内容

电网企业物资管理是"高度统一"的物资管理，即从物资管理的计划、采购、仓储、配送等各个环节进行高度协同管理，通过体系协同运作、业务集中管控、资源优化配置、需求快速响应、队伍专业管理，实现"集中、统一、精益、高效"的管理目标。

电网企业物资管理主要包含以下九个方面的内容：

（1）主数据管理。建立各类物资主数据维护管理规范，实现物资主数据统一管理。

（2）计划管理。完善物资计划运行体系，实现综合计划、财务预算计划与物资计划的协同，提高物资计划的前瞻性、准确性和及时性。

（3）采购管理。建立统一、规范、高效的采购管理运作体系。

（4）合同管理。形成统一的物资合同管理体系，实现合同签订、履行、结算的标准化。

（5）仓储管理。完善仓储网络结构与布局，建立布局科学、储备合理、运转高效的仓储管理体系。

（6）配送管理。建立能够满足各类需求、适应各种情况的柔性配送体系，优化配送资源管理调度机制，实现敏捷高效的配送，满足需求部门的要求。

（7）质量监督管理。建立统一管理、分工负责的质量监督管理体系，实现设备全寿命周期的质量动态管理。

（8）供应商评价管理。建立供应商履约评价体系，实现供应商评估结果在采购环节的切实运用，为建设坚强智能电网筛选优秀的供应商。

（9）废旧物资管理。完善废旧物资回收全过程管理，建立统一的废旧物资处置管理体系，实现废旧物资处置的规范、廉洁与高效。

1.2 电网企业物资管理信息化的迫切需求

随着国内科学技术手段不断创新，信息化时代的到来真正改变了人们的生活，也时刻冲击着传统的电网物资管理方式。同时电网企业对项目的投资不断加大，电网投资在20世纪末的最后20年增长了近15倍，1995年开始就迈入千亿规模。伴随着信息技术的不断普及和应用、供应链管理的不断发展，国内外大型集团企业的物资管理信息化建设迅速提升，绝大多数企业完成了90%以上业务功能的覆盖，并在流程监控、信息系统实用化、数据综合治理、决策分析方面进行了不同程度的完善优化。

（1）电网企业由于物资信息系统相对孤立，功能互不统一，各系统之间不能无缝链接，"信息孤岛"现象严重，与管理先进的国际集团企业相比，物资管理水平还存在较大的差距。

1）在采购管理中，由于历史原因，各单位职能部门自行制定管理办法和采购方案，多头管理易造成物资重复采购；设备规格不统一造成物资无法通用。

2）在仓储管理中，由于使用手工台账，库存信息得不到及时更新，无法有效开展物资平衡利库，造成库存物资过保失效、闲置浪费。

3）在废旧物资管理中，物资报废、回收、评估、拍卖等工作环节没有实现统一的信息化管理，存在信息不对称，容易造成资产流失。

因此，电网企业迫切需要建设一个高度集成的企业物资管理统一平台，实现信息化、集约化管理，大幅提升物资管理效率效益，推动物资资源实现更大范围、更高效率的优化配置。

（2）在现代物资管理与信息化理论的支撑下，结合电网企业物资管理的实际业务流程，新建设的物资信息管理平台需主要满足以下三个方面的信息化需求：

1）实现物资信息"一本账"。企业物资管理统一平台将依托于ERP（企业资源计划）、招投标、监造管理、主数据管理等系统，实现内部物资信息流的横向集成、纵向贯通。

2）实现物资全过程管理。企业物资管理统一平台覆盖计划采购、合同履约、质量管控、仓储配送、废旧处置等物资全过程管理。

3）实现物资管理辅助决策。利用企业物资管理统一平台和科学分析方法，加强全要素、多维度的物资统计分析，拓宽统计分析范围，转变统计分析模式，为物资管理决策提供支撑。

1.3 ERP MM 提升电网物资管理

1.3.1 ERP MM 的定义

1. MM 的概念

MM 是物资管理（Material Management）的英文缩写。作为 ERP 系统的重要组成部分，MM 模块的功能主要是针对一个供应商的物料或者服务进行采购、收货、转移过账、发货等。MM 模块与 PS（项目管理）、PM（设备管理）、FI/CO（财务管理）等其他模块在 ERP 系统内部是相互集成的，同时 ERP 系统中的 MM 模块与电网企业其他专业管理系统通过接口集成，从而保障信息与业务的一贯性，并为电网企业主数据管理、计划采购管理、合同管理、质量管理、仓储管理和废旧物资管理等主要业务的开展提供支撑和保障。MM 模块与其他模块及专业系统的集成示意如图 1-1 所示。

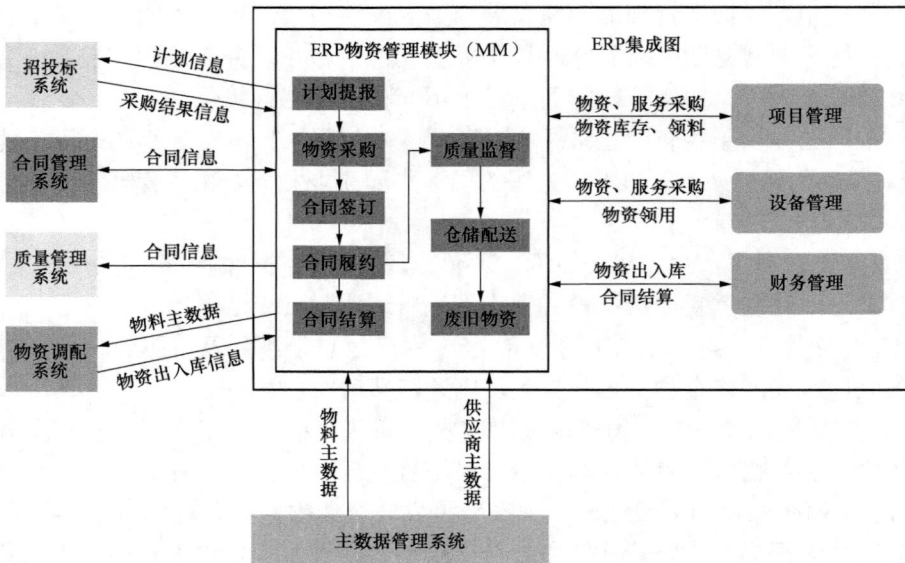

图 1-1　ERP 物资管理集成图

本书中提到的 ERP MM，是一种广义的 MM 概念，是指以 ERP 系统 MM 模块为核心，结合其他专业辅助系统，为电网企业物资管理各个环节提供信息化支撑的所有平台的统称。

2. MM 相关术语

电网企业 ERP MM 中涉及组织架构和主数据信息的专业术语主要包括公司代码、工厂、库存地点、采购组织、采购组、预留、MRP（物料需求计划）、移动类型等。

（1）公司代码。公司代码是一个独立的会计实体，是一个需单独对外披露资产负债表和损益表等法定报表，并履行缴纳税务的法人单位。

（2）工厂。工厂是公司内的计划和生产单元，是物资存储的物理地址或逻辑地址，可以按照方位、建筑和坐标原则，进行弹性定义。

（3）库存地点。库存地点是一个可以对工厂中的存货进行区分的组织单位。一个工厂的库存地点既可以是物理上实际的库存地点也可以是逻辑上虚拟的库存地点。

（4）采购组织。采购组织负责为一个或多个工厂采购材料和提供服务，并负责与供应商协商价格和运输条款。采购组织可细分为多个采购组。

（5）采购组。采购组负责公司日常的采购业务，是与供应商保持联系的媒介，可以同时为多个采购组织服务。

（6）预留。预留是对仓库物资进行提前预订，以保证未来领料时物资的及时供应。

（7）MRP。物资需求计划（Material Requirement Planning，MRP）是指基于物料的库存、需求数量、需求时间、采购周期等信息计算所需物料的采购量和到货时间。

（8）移动类型。移动类型是对任意货物移动行为的区分，移动类型可以简单分为入库类、出库类、库存转移类三类。

1.3.2　ERP MM 在电网企业实施之路

电网企业在国内较早引入 ERP 系统的 MM 模块来开展企业物资管理信息化建设。经过多年的探索实践，ERP MM 已在国内各级电网企业落地开花，并成为日常物资管理业务的经营分析平台。ERP MM 在电网企业中的发展历程如图 1-2 所示，具体概括如下：

（1）1999 年，浙江某电网企业在 ERP 系统中启用 MM 模块开展物资管理，并逐步在企业范围内推广。

（2）2000 年，山东某电网企业开始实施 ERP 系统 MM 模块。

（3）2003 年，上海某电网企业开始实施 ERP 系统，将 MM 模块应用推广至企业各级单位。

（4）2006 年，华东、华北、华南以及西北地区的其他电网企业相继实施 ERP 系统中的 MM 模块，标志着 MM 模块在全国电网企业得到充分应用。

（5）2007 年以后，电网企业持续推进集约化及 ERP 信息工程建设，各类型物资管理专业辅助系统相继建成，形成以 ERP 系统 MM 模块为核心，各类专业辅助系统为支撑的电网企业物资管理统一平台。

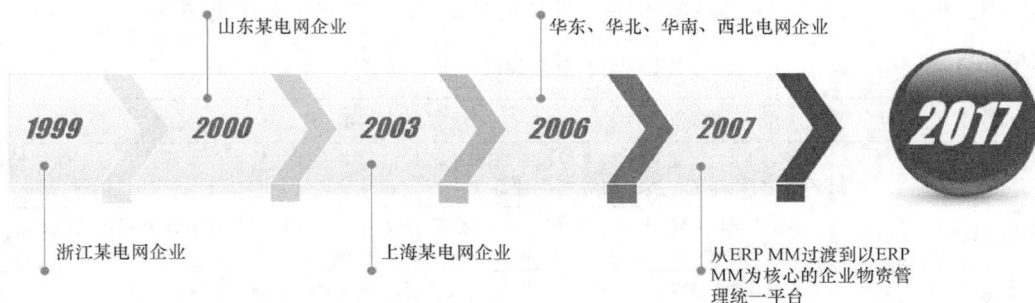

图 1-2　电网企业 ERP MM 的建设历程

1.3.3　ERP MM 带来物资管理变革

ERP MM 的实施，为电网企业物资管理工作提供高效的业务平台的同时也给电网企业物资管理工作带来了变革，主要体现在以下三个方面：

1.　物资管理标准化

通过集中管理、统一维护的方式，统一物料编码、物料描述、物资分类、供应商、库存地点等编码标准，促进了电网物资标准化工作，解决了物资编码不统一及通用化程度低的问题，为集中规模采购奠定基础，为库存资源快速、准确调度提供支撑。

2. 物资管理流程化

通过在 ERP MM 中固化业务管理流程，以物资需求计划为龙头，以物资需求计划作为采购的依据，以采购结果作为合同签订的依据，合同签订是合同履行的前提，合同履行是物资入库与合同结算的前提，实现物资管理流程环环相扣。

3. 物资管理透明化

通过 ERP 系统强大的集成性，需求部门可以及时了解所需物资的采购进展情况与库存情况，财务管理部门可以随时掌握物资的收货、发货、盘点等信息，消除部门间信息壁垒，促进工作协同开展，从而提升管理效率。

通过 ERP MM 的建设和实施，实现了物资全过程管控。电网企业建立了统一的物资编码体系，实施集中规模采购，降低采购成本；强化统一采购标准应用，从源头促进电网设备通用互换；通过 MRP 功能，实现物资平衡利库，减少库存积压；通过与项目、财务等模块的无缝集成，实现账实相符、账物一致；固化规范的业务流程，指引各岗位业务开展，提升物资管控力度。

1.4 ERP MM 应用解决方案及相关假设

1.4.1 ERP MM 应用解决方案总览

为方便读者快速理解，将物资全过程管理分为主数据管理、物资计划与采购管理、物资合同管理、物资质量管理、物资仓储管理、废旧物资管理 6 个方面，并分别阐述对应的相关概念、业务流程及系统应用。具体的系统应用解决方案详见表 1-1。

表 1-1 　　　　　　　　　　　　ERP MM 应用解决方案一览表

业务管理内容	解决方案功能要点
主数据管理	通过 ERP MM 的物料主数据管理功能，规范物资描述与物资分类标准，保证物料编码的唯一性；通过 ERP MM 的供应商主数据管理功能，实现供应商信息的集中管理
物资计划与采购管理	通过 ERP MM 的采购申请功能与采购管理功能，实现对各类物资计划提报的管理，灵活满足采购要求，发挥规模效应，节省采购成本
物资合同管理	通过 ERP MM 的采购订单、框架协议功能，保证合同信息签订的准确性。依托采购订单，开展合同履行与合同结算，确保合同有效执行
物资质量管理	通过 ERP MM 的设备监造与物资抽检功能，实现对电网物资质量进行监督，保障电网安全经济运行
物资仓储管理	通过 ERP MM 的仓库结构信息管理功能、物资出入库功能、MRP 功能、配送管理功能，实现对仓储资源的统筹管理与规范化管理
废旧物资管理	通过 ERP MM 的废旧物资管理功能，实现对企业现有废旧物资资源的合理利用，盘活资产，提高经济效益

1.4.2 ERP MM 应用解决方案采用的软件环境

对 ERP MM 系统应用解决方案的演示主要是以 SAP ECC 6.0 为核心，辅以其他类型的专业系统，如电子商务平台、主数据管理系统、招标管理系统、质量管理系统、物资调配系统等，贯穿电网企业物资管理全过程。

2

物资主数据管理

主数据是物资信息管理的基础，是物资管理业务操作对象在信息系统中的数字身份，并贯穿于整个物资管理全过程，是优化物资资源配置的前提。物资主数据一般包括物料主数据和供应商主数据，其中物料主数据根据物资分类与使用特性编制而成，代表了业务中的某项物资，应用于需求、采购、库存等业务环节；供应商主数据是将供应商的相关信息记录在供应商主数据库中，每条记录由唯一编号识别，进行业务处理时根据供应商主数据读取相关字段信息，主要用于合同管理和财务管理等业务中。本章主要阐述物料主数据管理和供应商主数据管理的相关概念及其业务应用流程，并通过 ERP MM 对主数据进行管理，实现主数据集中维护，消除冗余，确保同步更新，满足业务部门的应用需求和流程业务的信息共享。

2.1　物料主数据管理

2.1.1　物料主数据管理概述

物料对多数企业来讲，具有广义和狭义之分，狭义的物料指材料或原料，广义的物料指与产品生产、企业运营有关的所有物品，包括原材料、辅助用品、半成品、成品等。

物料管理是从整个公司角度来解决物料问题，协调不同供应商之间的协作，使不同物料间的配合和性能表现符合设计要求，为供应商和企业各部门之间交互提供支撑。

物资分类是指根据物资信息化管理要求，将物资按其材质属性、使用功能、应用部位或其他条件，从不同角度、不同层次，对物资进行区分、归类、命名、描述，从而建立的物资结构体系和信息化代码体系。

物料主数据是指根据物资分类结构体系，按照相关规则，赋予物资的信息化代码，包含了物料编码、物料描述、计量单位、采购标识和分类特征等信息。其中物料编码是计算机系统对物料的识别代码，通常用字符或数字串表示，目的是方便物资信息的存储、识别、检索、统计、交换和共享，在一个企业内物料编码具有唯一性；采购标识是根据物资采购标准，对物料进行分类的标识，分为标准物料、非标准物料和未标准化物料，辅助计算机识别采购标识规则，是物料数据与物资采购对应关系的关联字段。

物料主数据管理是指企业根据相关管理要求对物资分类与物料主数据进行统一的

新增、修订、问题受理等管理工作，以满足物资管理需要，主要包括对物资分类、物料数据及采购标识规则等内容的维护与调整。

2.1.2　电网企业物料主数据管理流程

物料主数据管理流程主要涉及需求部门、物资管理部门和主数据管理部门，总体流程如图 2-1 所示。

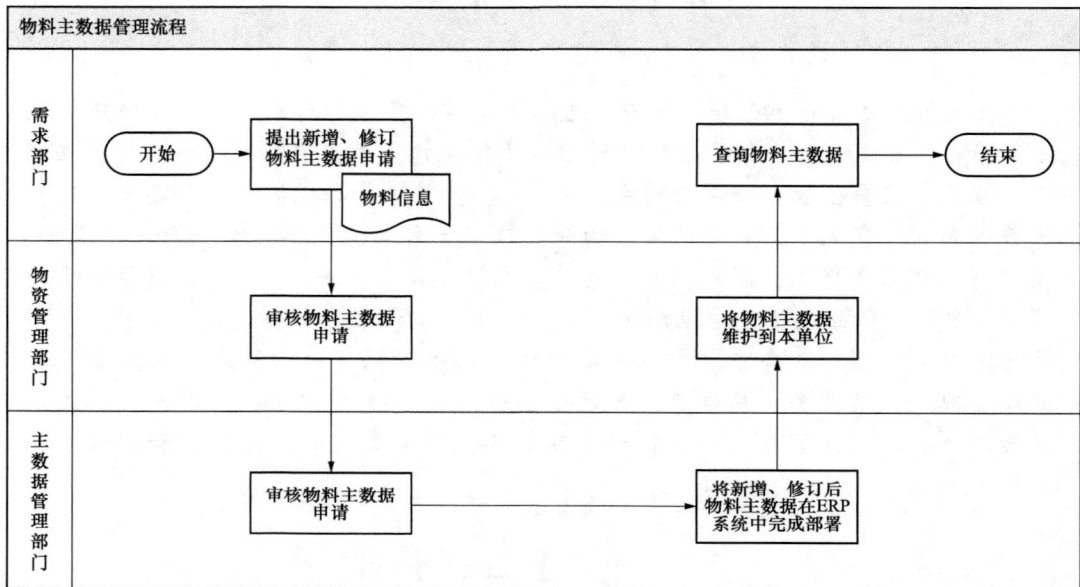

图 2-1　物料主数据管理流程

以上流程要点及各部门职责如下：

（1）需求部门收集、整理和汇总待调整的物料主数据信息，并提报至物资管理部门；查询并使用调整后的物料主数据。

（2）物资管理部门统一接收需求部门的物料主数据调整申请，并对调整合理性进行初审，审核通过后提交主数据管理部门处理。待主数据管理部门审核通过并完成部署后，及时将新增或修订的物料主数据维护到本单位。

（3）主数据管理部门受理新增或修订物料主数据申请，审核主数据的合理性，将审批通过后的物料主数据在 ERP MM 中完成部署。

2.1.3　ERP MM 在物料主数据管理中的应用

ERP MM 中的物料主数据管理功能是 MM 模块各项应用功能的基础。电网企业在 ERP MM 中采用集中维护的方式对物料主数据进行管理，通过统一分配物料编码保证物料的唯一性。

【应用案例 2-1】　某电网企业计划推进智能系统建设，多个重点项目集中开工，其中某个项目考虑到技术前瞻性，准备采用某新型电力电缆。由于前期未采购过该电缆，所以该电网企业需求部门提出新增新型电力电缆所需的物料主数据申请。物资管理部门初审物料主数据申请，通过后提交至主数据管理部门。主数据管理部门审核物料主数据申请资料，通过后在 ERP MM 系统中核实物料主数据是否已存在，若不存在，则在 ERP MM 创建新的物料主数据。物资管理部门将新创建物料主数据维护到本单位，并将物料主数据返回给需求部门。

1. 物料主数据核实

根据新型电力电缆的相关特征描述，主数据管理部门人员在 ERP MM 中核实该物料主数据是否存在。系统应用如图 2-2 所示。

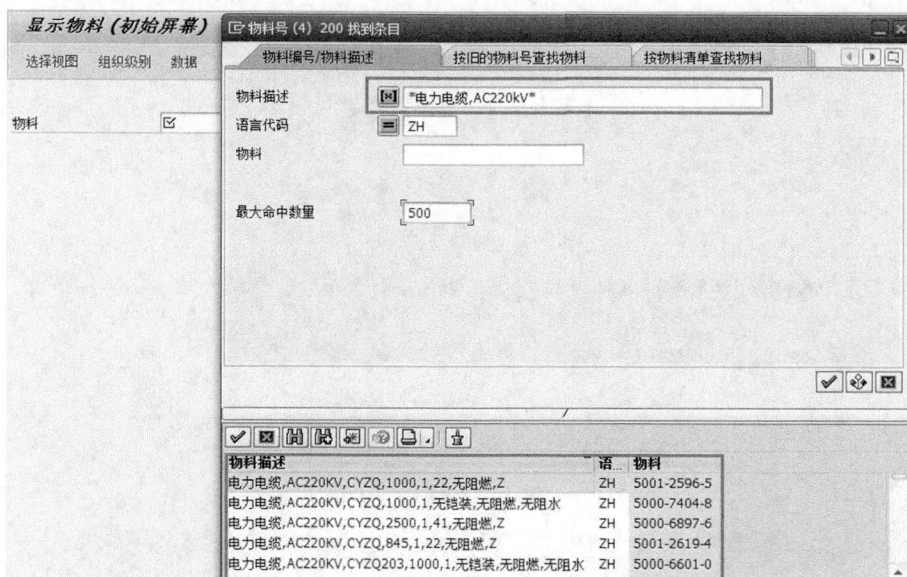

图 2-2　物料主数据核实

2. 物料主数据新增

主数据管理人员确认无该物料编码，则在 ERP MM 中提报新增物料主数据申请，选择对应的物资大类、中类、小类以及特征值，维护物料描述等信息。系统应用如图 2-3 所示。

3. 物料主数据编码分配

物料主数据新增申请经审批通过之后，ERP MM 自动分配一个 9 位数字流水编码作为该物料主数据。主数据管理人员可以通过监控程序查看该物料主数据创建的成功情况，绿灯代表创建成功。系统应用如图 2-4 所示。

4. 物料主数据所属单位信息维护

物料主数据创建成功之后，物资管理部门在 ERP MM 中将该物料主数据维护到电网企业所属单位，同时维护物料的 MRP 类型、批量大小等信息。系统应用如图 2-5 所示。

5. 物料主数据查询

需求部门根据物资管理部门提供的物料主数据信息，在 ERP MM 中查询物料主数据，方法与物料主数据核实一致。

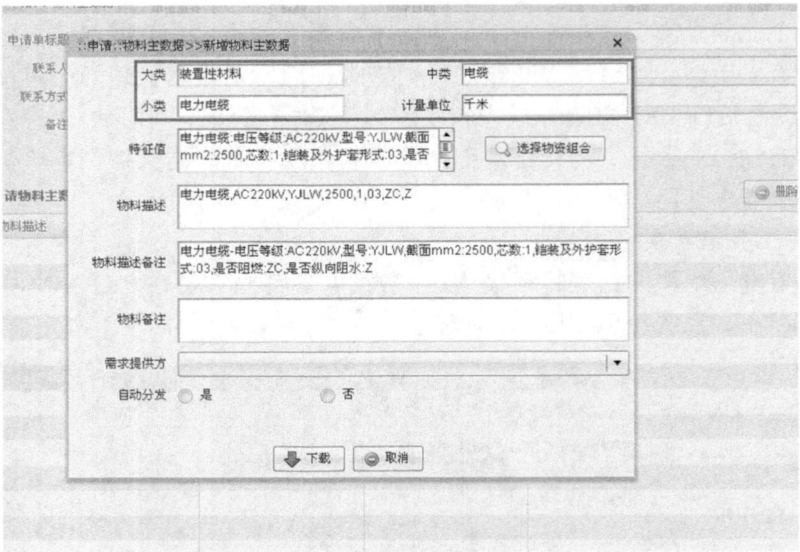

图 2-3 物料主数据新增

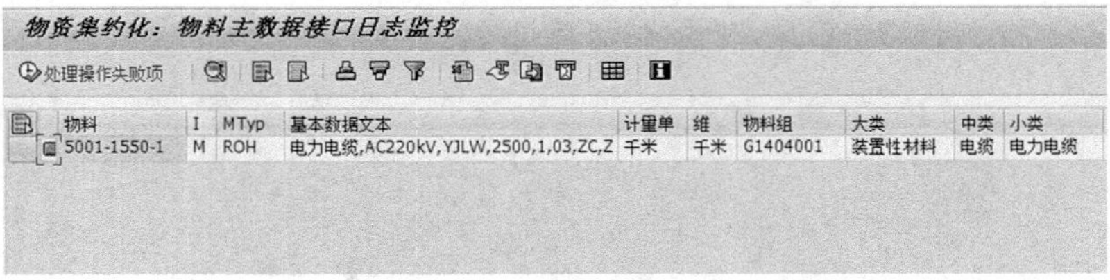

图 2-4 物料主数据编码分配情况查询

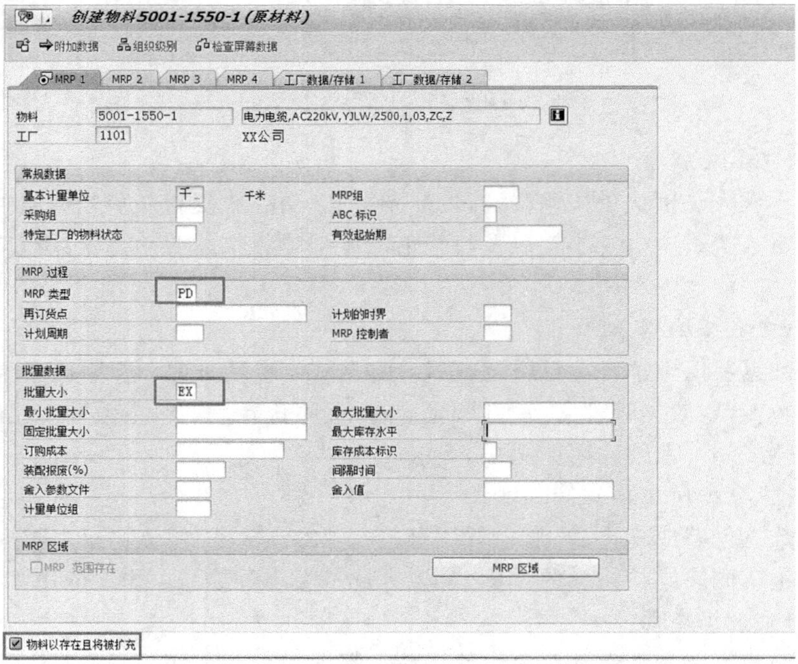

图 2-5 物料主数据所属单位信息维护

2.2　供应商主数据管理

2.2.1　供应商主数据管理概述

供应商是指为企业提供原材料、物资、服务及其他资源，确保企业各项生产经营活动顺利开展的合作伙伴，包括制造商、经销商以及中介商等。供应商管理的主要内容包括供应商资质审查、供应商文件信息管理、供应商评价和供应商选择等工作事项。

供应商主数据是用简短的文字、符号或数字来代表供应商及其相关内容，是供应商在业务系统中的唯一标识，主要包括供应商名称、地址、支付货币、支付条款、重要联系人的名字等信息，是进行数据交互和分析的基础。

供应商主数据管理是指企业根据相关管理要求对供应商分类和供应商主数据信息进行统一的新增、修订、问题受理等管理工作，以满足物资业务管理需要，其中供应商分类即通过定义供应商账户组来进行区分。

2.2.2　电网企业供应商主数据管理流程

供应商主数据管理流程主要涉及需求部门、供应商、物资管理部门和主数据管理部门，总体流程如图 2-6 所示。

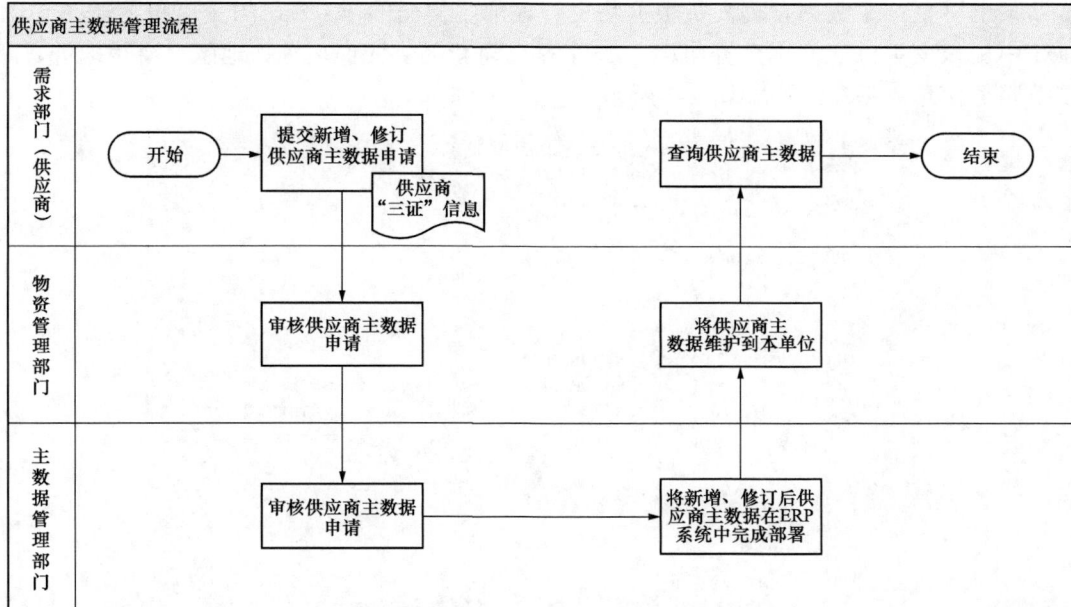

图 2-6　供应商主数据管理流程

以上流程要点及各部门职责如下：

（1）需求部门收集、整理和汇总待调整供应商主数据信息，提报至物资管理部门申请主数据新增或修订调整。供应商也可根据实际需要将营业执照、税务登记证、组织机构代码证（三证合一可仅提供营业执照）等扫描件直接提报至物资管理部门，申请供应商主数据新增或修订调整。

（2）物资管理部门根据需求部门（供应商）提交的供应商主数据调整申请，经书面资料审核通过后提交主数据管理部门进行处理。待主数据管理部门审核通过并完成部署后，及时将新增或修订的供应商主数据维护到本单位。

（3）主数据管理部门受理新增或修订供应商主数据申请，审核主数据的准确性，将审批通过后的供应商主数据在 ERP MM 中完成部署。

2.2.3 ERP MM 在供应商主数据管理中的应用

ERP MM 中的供应商主数据管理功能是 MM 模块采购管理、合同管理等功能的基础之一。电网企业采用集中管理的方式维护供应商主数据信息，通过不同层级的系统信息维护实现不同范围的信息共享。在供应商集团层维护供应商编码、名称、地址等信息，实现企业级供应商信息共享，在供应商采购层维护订单货币、采购组等信息，实现部门级供应商信息共享。

【应用案例 2-2】 A 公司是一家生产电力电缆品种规格较为齐全的专业厂家，A 公司通过资本运转，合并另外一家生产电力电缆的 B 公司，同时对合并后的公司名称信息进行了变更。为保证后续与某电网企业的合作顺利开展，A 公司提交新的营业执照材料给电网企业开展供应商信息变更。电网企业审核变更材料之后，在 ERP MM 中完成供应商信息变更。

1. 供应商主数据变更申请

某电网企业主数据管理人员根据物资管理部门提交的 A 公司的变更材料，在 ERP MM 中提报变更供应商主数据申请，填写 A 公司新的供应商名称、地区、通信地址、邮政编码等信息。系统应用如图 2-7 所示。

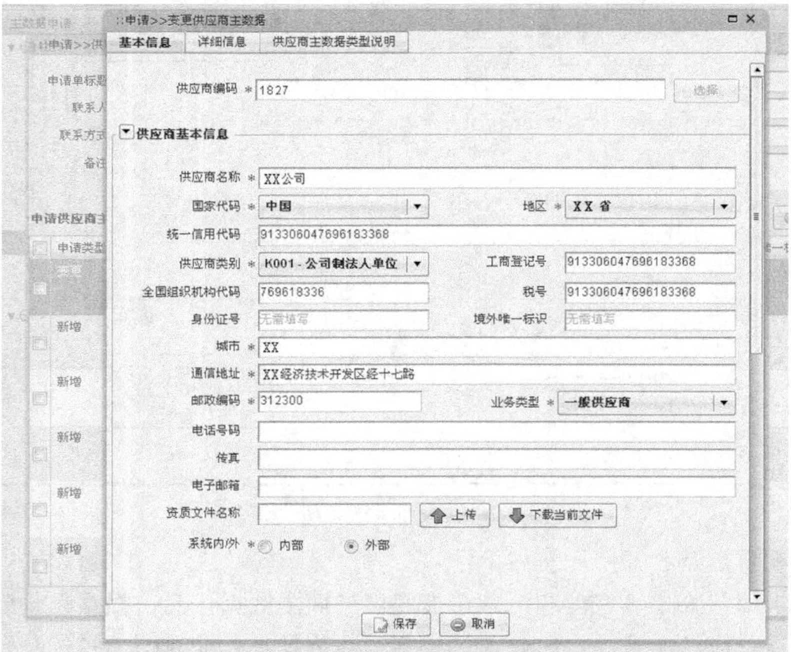

图 2-7 供应商主数据变更申请

2. 供应商主数据查询

供应商主数据变更申请审批通过后，ERP MM 自动变更 A 公司供应商主数据名称信息，需求部门可以在 ERP MM 中查询变更后的 A 公司信息。系统应用如图 2-8 所示。

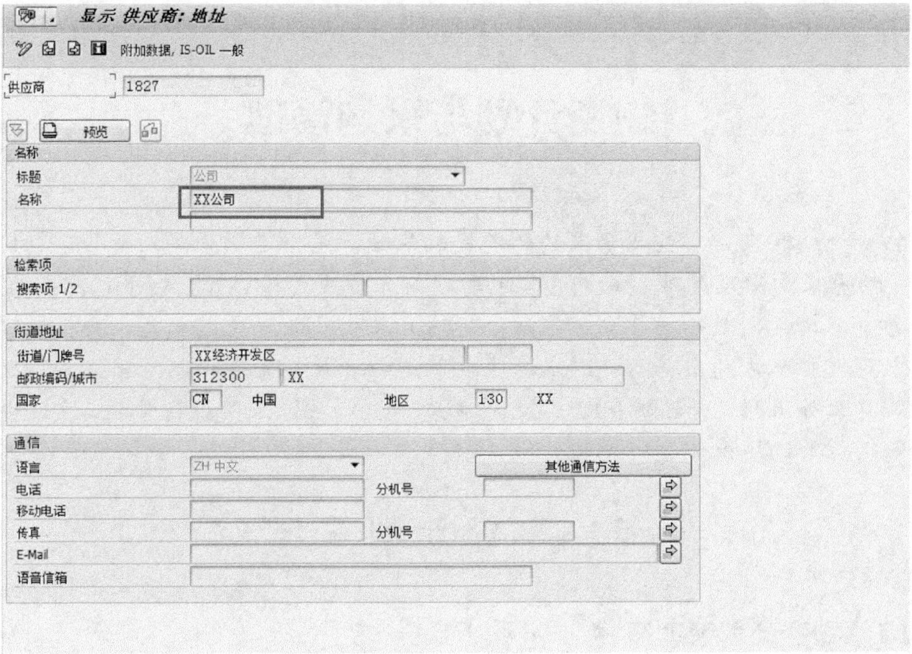

图 2-8　供应商主数据信息查询

3

物资计划与采购管理

　　物资计划管理是实施物资采购的前提和基础，是推进物资集约化管理的源头和关键。物资采购管理是落实计划管理的重要环节，应坚持公开、公平、公正的原则，遵循竞争、择优、效益的导向，依法合规地开展企业物资采购业务，规范物资采购过程中买、卖双方的交易行为。本章主要阐述物资计划管理、物资采购管理的相关概念及其业务流程，并通过 ERP MM 对物资计划和物资采购进行管理，实现物资计划和采购行为的规范化、标准化管理。

3.1　物　资　计　划　管　理

3.1.1　物资计划管理概述

　　物资计划是指根据企业外部环境与内部条件的分析，提出在未来一定时期内物资流通要达到的企业目标以及实现目标的途径，是对物资的流通进行组织和管理的各种计划手段的总称。

　　物资计划管理是指企业物资管理部门为确保物资计划能够顺利执行和目标实现，对物资计划的编制、执行、分析和反馈等活动进行管理。

　　物资计划管理主要包括物资需求计划、物资采购计划、物资储备计划、物资供应计划等内容。本节重点讲述物资需求计划至采购计划的生成过程，其余内容在 4.2 物资合同履行管理和 6.2 物资库存管理中进行阐述，本处不再赘述。为便于读者理解，先对需求计划、平衡利库、采购策略、采购计划 4 个概念进行阐述。

　　1. 需求计划

　　需求计划是指需求部门根据企业项目储备、年度综合计划、财务预算等信息，结合历年采购需求，进行科学预测，编制形成的计划，是企业制定采购策略，确定采购模式、采购批次和采购方式的主要依据。

　　2. 平衡利库

　　平衡利库是指物资管理部门根据物资需求，综合仓库库存后形成物资实际采购量的过程，一般需考虑仓库库存、采购在途、预计消耗和安全库存等信息。

　　3. 采购策略

　　采购策略是指为实现企业经营管理目标、提高采购效益、保障物资供应而制定的采购管理原则，包括采购目录、采购安排、采购方式、采购组织形式、供货周期、参考价格等内容。

目前，电网企业在物资管理上，考虑项目类型、物资分类、轻重缓急等因素，将采购策略细分为批次招标采购、协议库存采购、超市化采购、授权采购、紧急采购、同配同价采购等类型，灵活满足不同类型的采购需求。下面对各种采购策略进行详细介绍：

（1）批次招标采购是指需求单位根据项目建设进度或生产经营情况，结合年度需求计划，编制的物资或服务采购，适用于 35kV 及以上电网建设、技改项目，需要在项目核准、可研及初步设计完成后方可开展采购的项目类物资。

（2）协议库存采购是指在统一物资技术和商务采购标准的前提下，对未来一定时间内特定物资的需求预测和采购安排，适用于需求频度高、响应时间较短、物资技术标准统一，有固定且较大的年度需求数量或涉及特定专利和专有技术，产品为某些制造商独有。

（3）超市化采购与协议库存采购类似，主要区别是其采购范围不属于依法必须招标的项目，且采购单价低、规格品种多、采购量无法准确预测，包括办公用品、劳保用品、工器具、低压电器、燃料化工等物资。

（4）授权采购是指不属于依法必须招标，未纳入集中采购目录范围，个别零星或特殊的采购需求，由上级物资管理部门向下级单位定期或不定期授权实施。

（5）紧急采购是指包括抢险救灾、突发事故、设备缺陷、安全隐患处理和临时项目引起的应急采购。由需求单位提出紧急需求申请，批准后实施，确保各类需求均得到及时响应。

（6）同配同价是指必须向原中标人采购的货物，符合单一来源采购相关规定，为提高采购效率，应用同期公开招标中标结果直接向原中标厂家采购。

4. 采购计划

采购计划是指物资管理部门根据需求计划，采用适当的采购策略而形成的执行计划，是物资管理部门对需求计划的具体实施，主要包括批次招标采购计划、协议库存采购计划、超市化采购计划、授权采购计划、紧急采购计划、同配同价采购计划等。

上述四者之间关系如图 3-1 所示，需求计划是起源，提出需求内容；平衡利库是校验，测算采购数量；采购策略是方法，制定采购原则；采购计划是结果，确定执行方案。

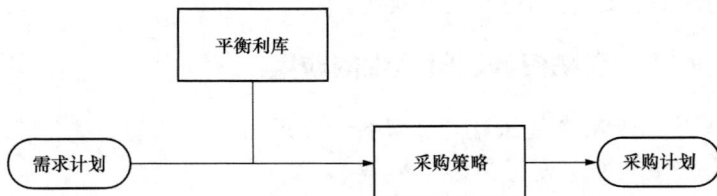

图 3-1　需求计划转至采购计划过程

由于当前电网企业主要以批次招标采购、协议库存采购、超市化采购 3 类采购为主，其他采购类型为辅，所以本书主要讲述批次招标采购、协议库存采购、超市化采购的计划下达、采购、合同签订、合同履行、合同结算等业务的开展情况。

3.1.2 电网企业物资计划管理流程

物资计划管理流程主要涉及需求部门、专业管理部门和物资管理部门，总体流程如图 3-2 所示。

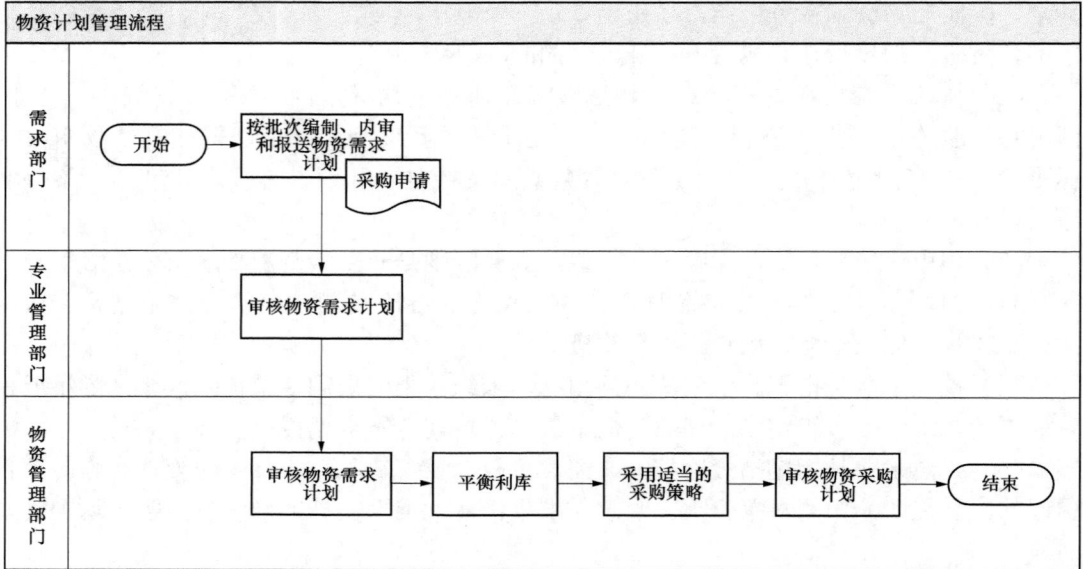

图 3-2 物资计划管理流程

以上流程要点及各部门职责如下：

（1）需求部门负责本部门物资需求计划（含技术规范书）的编制、内审和报送工作，并在系统中提报所需物资的采购申请。

（2）专业管理部门负责对拟采购项目的采购条件及资金预算等进行审查，负责审核专业管理范围内的物资需求计划合理性及技术规范的准确性。

（3）物资管理部门对提交的物资需求计划从物资类别、数量、预算等角度审核其合理性和准确性，根据汇总后的物资需求数量和交货日期等信息，综合考虑库存状况开展平衡利库后确定采购计划；根据采购规模和批次等信息执行企业物资采购策略；对确定的采购计划进行审核，通过后转入采购实施。

3.1.3 ERP MM 在物资计划管理中的应用

电网企业基于 ERP MM 的采购申请功能，实现对物资计划的统一管理。根据不同的物资类别，物资需求来源主要分为以下三类：

（1）项目物资。项目初步设计评审后，项目管理部门根据设计部门提供设备材料清册在 ERP PS 中导入设备清册，项目下达后 ERP 系统自动产生项目物资采购申请作为项目物资需求计划。

（2）运维物资。运行管理部门根据日常维修计划，在 ERP 系统中创建工单，基于工单提报物资需求，工单下达后 ERP 系统自动产生预留。通过运行 MRP，若库存数量不足，则 ERP MM 自动产生采购申请作为运维物资需求计划。

（3）零星物资。需求部门根据实际业务需要，在 ERP MM 中手工创建采购申请作为零星物资需求计划。

电网企业通过在 ERP MM 中固化工作流程，规范各类物资计划的提报与审批流程，确保物资计划的准确性与合理性。

【应用案例 3-1】 批次招标采购物资计划管理应用

某电网企业为配合政府部门推动某世纪新城的建设发展，申报了一个 220kV 输变电工程。根据项目进度安排，需求部门申报变压器、组合电器、电力电缆、绝缘子、铁塔等物资需求，经专业管理部门与物资管理部门审核后，物资管理部门对物资需求计划开展平衡利库。220kV 输变电工程主要物资属于依法必须招标采购项目，物资管理部门对新形成的物资招标采购计划审核后即可进入采购环节。

1. 招标采购批次下达

针对 35kV 及以上电网建设、技改等项目类物资采购，物资管理部门可以在 ERP MM 中每年设定固定批次的招标采购批次计划，规定每个批次的物资需求申报开始时间与结束时间等时间节点信息，以年度均衡的方式分批次组织物资招标采购活动。物资管理部门计划管理人员根据实际业务开展情况，在 ERP MM 中开启招标采购批次。系统应用如图 3-3 所示。

招标计划编号	招标年度	招标批次	招标计划名称	计划申报开始时间	计划申报截止时间	启用状态
SG1501	2015	01	输变电项目2015年第 X 批变电设备（含电缆）招标采购	2014-11-24	2014-12-18	1 启用
SG1502	2015	02	输变电项目2015年第 X 批线路装置性材料招标采购	2014-11-24	2014-12-18	1 启用
SG1503	2015	03	输变电项目2015年第 X 批变电设备（含电缆）招标采购	2015-02-03	2015-03-05	1 启用
SG1504	2015	04	输变电项目2015年第 X 批线路装置性材料招标采购	2015-02-03	2015-03-05	1 启用
SG1505	2015	05	输变电项目2015年第 X 批变电设备（含电缆）招标采购	2015-04-07	2015-05-07	1 启用
SG1506	2015	06	输变电项目2015年第 X 批线路装置性材料招标采购	2015-04-07	2015-05-07	1 启用
SG1507	2015	07	输变电项目2015年第 X 批变电设备（含电缆）招标采购	2015-05-25	2015-06-25	1 启用
SG1508	2015	08	输变电项目2015年第 X 批线路装置性材料招标采购	2015-05-25	2015-06-25	1 启用
SG1509	2015	09	输变电项目2015年第 X 批变电设备（含电缆）招标采购	2015-07-27	2015-08-20	1 启用
SG1510	2015	10	输变电项目2015年第 X 批线路装置性材料招标采购	2015-07-27	2015-08-20	1 启用

图 3-3 招标批次计划查询

2. 项目物资需求计划提报

需求部门根据项目进度情况，提前在 ERP 系统中提报电力电缆、组合电器等物资需求计划，维护物料编码、物料名称、计划交货期、数量，物资预估单价、计量单位等信息。项目下达后，ERP 系统自动创建采购申请。系统应用如图 3-4 所示。

需求部门根据项目下达后 ERP MM 新产生的采购申请编码、采购申请行项目编码查询物资采购申请。系统应用如图 3-5 所示。

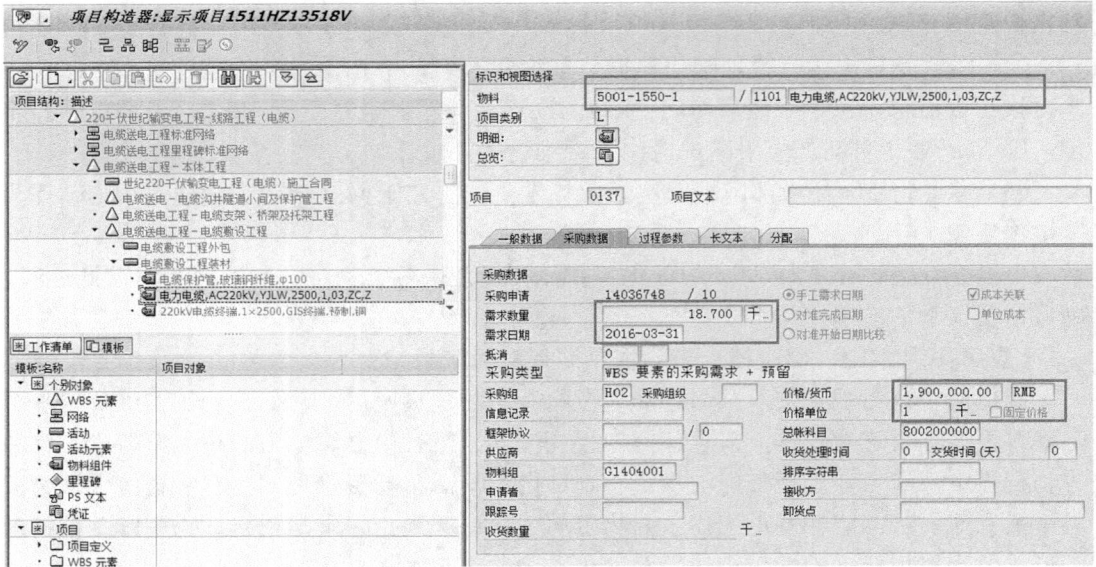

图 3-4　项目物资需求计划提报

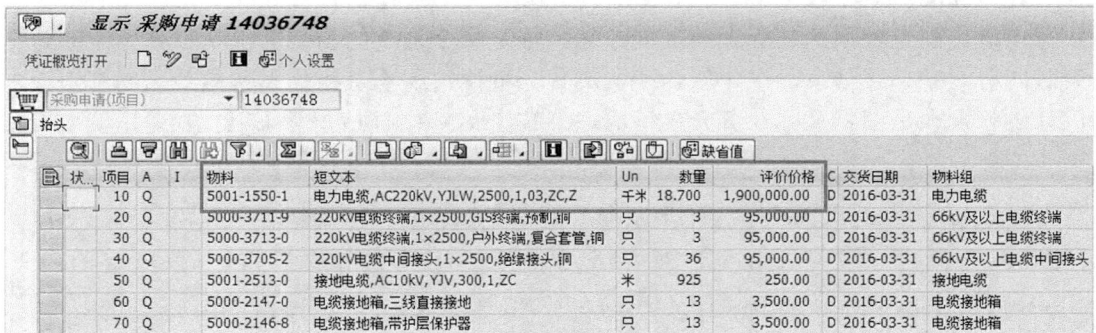

图 3-5　采购申请查询

3. 项目物资需求清单查询

需求部门通过 ERP MM 相关报表功能，查询项目物资需求提报清单，了解项目物资需求提报完成情况。系统应用如图 3-6 所示。

4. 物资需求计划审核

物资管理部门对需求部门提报的项目物资需求计划信息进行审核，ERP MM 自动检查物资需求计划中的交货日期、预估单价的合理性，当交货日期、预估单价超出合理范围时，ERP MM 将会出现告警提示信息，同时提供调整建议。物资管理部门除审核物资需求计划合理性之外，还需对项目合规性、物资需求准确性等方面进行审核。审核完毕后，若其他项目有多余物资或者库存中还有对应物资，则可进行平衡利库，优先使用现有的物资，减少物资采购数量。对必须依法招标的物资，物资管理部门维护合适的招标采购批次，形成物资采购计划，经审批后进入采购环节。系统应用如图 3-7 所示。

项目请购单的清单显示

采购申请	项目	物料	短文本	申请数量	单位	WBS 元素
13947834	10	5000-6051-4	220kV三相油浸有载变压器,240MVA,220/110/20,水平分体	2	台	15110113518V0122111100
13947834	20	5000-2638-5	220kVGIS组合电器,50kA,主变电缆进线间隔,3150A,户内	2	间隔	15110113518V0122112150
13947834	30	5000-2636-5	220kVGIS组合电器,50kA,架空出线间隔,3150A,户内	4	间隔	15110113518V0122112150
13947834	40	5001-1449-4	220kVGIS组合电器,无开关,母线设备间隔,3150A,户内	2	间隔	15110113518V0122112150
13947834	50	5000-8372-5	220kVGIS组合电器,无开关,主变电缆进线间隔,3150A,户内	1	间隔	15110113518V0122112150
13947834	60	5000-2637-3	220kVGIS组合电器,50kA,母联间隔,3150A,户内	2	间隔	15110113518V0122112150
13947834	70	5000-8372-4	220kVGIS组合电器,无开关,电缆出线间隔,3150A,户内	2	间隔	15110113518V0122112150
13947834	80	5000-2627-8	110kVGIS组合电器,40kA,主变电缆进线间隔,2000A,户内	2	间隔	15110113518V0122112160
13947834	90	5000-2625-0	110kVGIS组合电器,40kA,电缆出线间隔,2000A,户内	3	间隔	15110113518V0122112160
13947834	100	5000-8367-6	110kVGIS组合电器,无开关,母线设备间隔,2000A,户内	2	间隔	15110113518V0122112160
13947834	110	5000-2625-4	110kVGIS组合电器,40kA,分段间隔,2000A,户内	1	间隔	15110113518V0122112160
13947834	120	5000-7435-2	高压开关柜,AC20kV,进线间隔,小车式,3150A,25kA,真空	4	台	15110113518V0122112180
13947834	130	5000-7435-3	高压开关柜,AC20kV,分段断路器柜,小车式,3150A,25kA,真空	2	台	15110113518V0122112180
13947834	140	5001-0289-2	高压开关柜,AC20kV,母线设备柜,小车式,1250A,无开关,无	4	台	15110113518V0122112180
13947834	150	5000-5588-3	高压开关柜,AC20kV,馈线开关柜,小车式,1250A,25kA,真空	12	台	15110113518V0122112180
13947834	160	5000-5613-7	高压开关柜,AC20kV,电容器开关柜,小车式,1250A,25kA,真空	4	台	15110113518V0122112180
13947834	170	5000-8526-1	高压开关柜,AC20kV,分段隔离柜,小车式,3150A,25kA,真空	2	台	15110113518V0122112180
13947834	180	5000-4214-4	高压开关柜,AC20kV,电抗器开关柜,小车式,2500A,31.5kA,真空	3	台	15110113518V0122112180
13947834	190	5000-8939-0	封闭绝缘母线,AC20kV,4000A,三相	50	米	15110113518V0122112180
13947834	200	5001-0995-3	开关柜验电小车,1000mm	4	只	1511HZ13518V0122112180
13947834	210	5001-0995-1	开关柜接地小车,1000mm,3150A	4	只	1511HZ13518V0122112180
13947834	220	5001-0994-7	开关柜检修小车,1000mm	4	只	1511HZ13518V0122112180
13947834	230	5000-6160-2	高压开关柜,AC20kV,站用变开关柜,小车式,1250A,25kA,真空	2	台	1511HZ13518V0122112180
13947834	240	5001-1810-6	封闭母线桥,AC20kV,3150A,共箱	30	米	1511HZ13518V0122112180

图 3-6　项目物资需求清单查询

采购过程管理：采购申请提报

提示灯	招标	采购申请	项目	物料	短文本	申请数量	估算单价	单位	交货日期	工程编号	工程名称	项目电压等级	交货日期是否正确	评估价格是否正确
	SG1509	10228003	480	5000-2145-7	110KV电缆中间接头,1×630,绝缘	9.000	43,665.00	只	2016-03-25	161101100000	XX220千伏变二期110千伏送出工程	110KV	供货周期不短于:0165　参考价格为:16680.00	是 参考价格为:16680.00
	SG1509	10228003	490	5000-2132-2	110KV电缆终端,1×630,GIS终端	12.000	47,925.00	只	2016-03-25	161101100000	XX220千伏变二期110千伏送出工程	110KV	供货周期不短于:0165　参考价格为:16680.00	是 参考价格为:16680.00
	SG1509	10228003	500	5000-2132-3	110KV电缆终端,1×630,GIS终端	30.000	24,800.00	只	2016-05-13	161101100000	XX220千伏变二期110千伏送出工程	110KV	供货周期不短于:0165　参考价格为:16680.00	是 参考价格为:16680.00
	SG1509	10228003	510	5000-2145-7	110KV电缆中间接头,1×630,绝缘	24.000	14,358.97	只	2016-05-13	161101100000	XX220千伏变二期110千伏送出工程	110KV	供货周期不短于:0165　参考价格为:16680.00	是 参考价格为:16680.00
	SG1509	14036748	10	5001-1550-1	电力电缆,AC220kV,TJLX,2500,	18.700	1,900,000.00	千米	2016-03-31	15110113518V	XX220千伏世纪制店电工程	220KV	供货周期不短于:0165	是

图 3-7　项目物资需求计划审核

【应用案例 3-2】　协议库存采购物资计划管理应用

配网工程建设工期短,所需设备材料零散、供货分散,确定性低且时效要求高。某电网企业为保障配网物资的供应,在 2015 年底组织开展 2016 年配网材料的协议库存采购计划申报工作,经相关部门审核与平衡利库后,先行公开招标,确立采购合同,后续应用招标中标结果,及时满足配网项目的物资供应需求。

1. 协议库存采购批次下达

考虑协议库存采购物资需求为预测数量,受下年度资金安排不确定、项目变更等因素的影响,物资需求的准确性不能完全保证,因此物资管理部门在 ERP MM 中每年设定浮动批次的协议库存采购批次计划。第一批一般安排在年底进行,物资需求为下年度各类协议库存采购物资的总需求,其他批次根据综合计划和全面预算调整情况,以及年底预测偏差引起的部分物资采购量不能满足项目需求等情况进行增补。系统应用如图 3-8 所示。

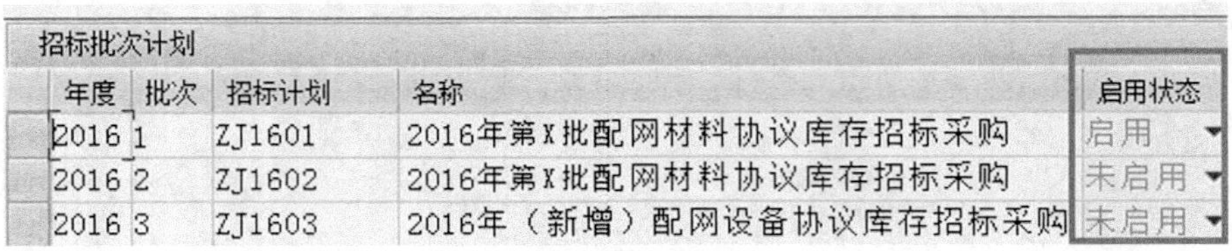

招标批次计划

年度	批次	招标计划	名称	启用状态
2016	1	ZJ1601	2016年第X批配网材料协议库存招标采购	启用
2016	2	ZJ1602	2016年第X批配网材料协议库存招标采购	未启用
2016	3	ZJ1603	2016年（新增）配网设备协议库存招标采购	未启用

图 3-8　协议库存采购批次计划查询

2. 协议库存采购物资需求预测计划提报

需求部门根据项目投资计划，结合历年物资消耗情况，预测下年度配网协议库存采购物资的总需求情况，在 ERP MM 中通过手工创建采购申请的方式提报协议库存采购物资需求预测计划。系统应用如图 3-9 所示。

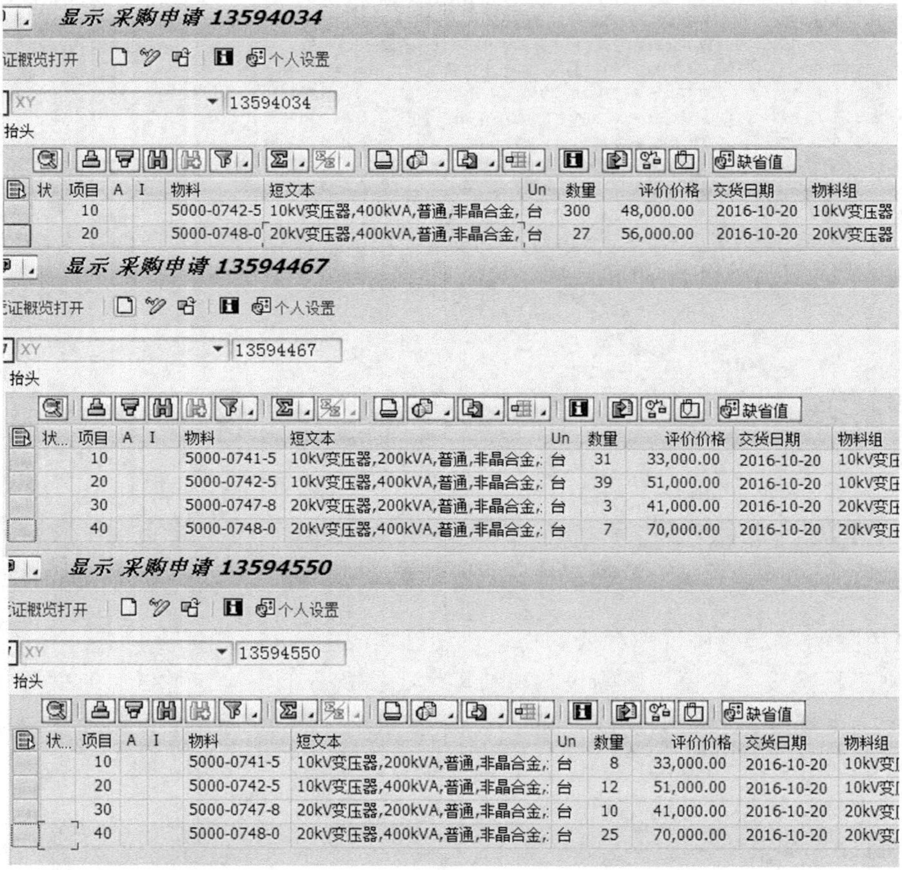

显示 采购申请 13594034

证概览打开　个人设置

XY　13594034

抬头

缺省值

状	项目	A	I	物料	短文本	Un	数量	评价价格	交货日期	物料组
	10			5000-0742-5	10kV变压器,400kVA,普通,非晶合金,	台	300	48,000.00	2016-10-20	10kV变压器
	20			5000-0748-0	20kV变压器,400kVA,普通,非晶合金,	台	27	56,000.00	2016-10-20	20kV变压器

显示 采购申请 13594467

证概览打开　个人设置

XY　13594467

抬头

缺省值

状...	项目	A	I	物料	短文本	Un	数量	评价价格	交货日期	物料组
	10			5000-0741-5	10kV变压器,200kVA,普通,非晶合金,;	台	31	33,000.00	2016-10-20	10kV变压
	20			5000-0742-5	10kV变压器,400kVA,普通,非晶合金,;	台	39	51,000.00	2016-10-20	10kV变压
	30			5000-0747-8	20kV变压器,200kVA,普通,非晶合金,;	台	3	41,000.00	2016-10-20	20kV变压
	40			5000-0748-0	20kV变压器,400kVA,普通,非晶合金,;	台	7	70,000.00	2016-10-20	20kV变压

显示 采购申请 13594550

证概览打开　个人设置

XY　13594550

抬头

缺省值

状...	项目	A	I	物料	短文本	Un	数量	评价价格	交货日期	物料组
	10			5000-0741-5	10kV变压器,200kVA,普通,非晶合金,;	台	8	33,000.00	2016-10-20	10kV变
	20			5000-0742-5	10kV变压器,400kVA,普通,非晶合金,;	台	12	51,000.00	2016-10-20	10kV变
	30			5000-0747-8	20kV变压器,200kVA,普通,非晶合金,;	台	10	41,000.00	2016-10-20	20kV变
	40			5000-0748-0	20kV变压器,400kVA,普通,非晶合金,;	台	25	70,000.00	2016-10-20	20kV变

图 3-9　协议库存采购物资需求预测计划查询

3. 协议库存采购物资需求预测计划合并

物资管理部门汇总审核各需求部门提报的协议库存采购物资需求预测计划，在 ERP MM 对相同物料的需求数量进行合并。合并后，物资管理部门结合当前物料库存情况进行平衡利库。系统应用如图 3-10、图 3-11 所示。

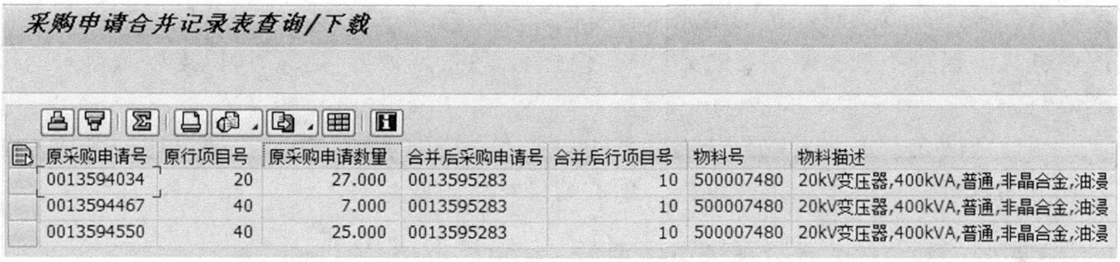

图 3-10　协议库存采购物资需求预测计划合并记录查询

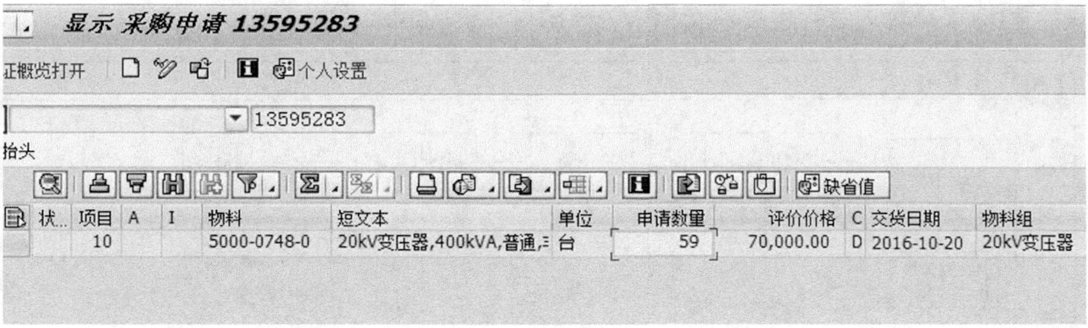

图 3-11　合并后的协议库存采购物资需求预测计划查询

3.2　物资采购管理

3.2.1　物资采购管理概述

物资采购是指在一定的时间和地点条件下，通过一定交易手段选择购买能够满足自身需求资源的过程，是商流、物流、信息流的统一，是企业、供应商、市场的协调，是经济活动、价值活动、组织活动的集合。

物资采购管理是指对采购业务进行组织、实施和控制的管理过程。物资采购管理包括采购计划下达、采购方式选择、组织采购、采购结果管理等内容。

按照采购方式不同，可以将采购分为招标采购和非招标采购。招标采购又可分为公开招标采购和邀请招标采购两种形式；非招标采购一般是指竞争性谈判采购、单一来源采购和询价采购等。

按照采购的组织方式不同，可以将采购分为集中采购和分散采购。

集中采购是指企业在核心管理层建立专门的采购机构，统一组织企业所需物品的采购业务。集中采购体现了经营主体的权力、利益、意志、品质、制度，是经营主体赢得市场，保护产权、技术和商业秘密，提高效率，获得最大利益的战略和制度安排。集中采购除上述优点外，也存在响应速度慢、非通用化物资无法集中采购等不足之处。

分散采购是指企业将采购工作分散在各使用单位或部门，由其自行采购以满足物资或服务需求。分散采购是集中采购的完善和补充，能适应不同地区市场环境变化，对市场反应灵敏，补货及时，购销迅速，使基层工作富有弹性和成效；但分散采购也存在管控难度大、执行不规范等不足之处，同时由于分散采购数量有限，所以难以获得采购规模效益。

当前电网企业主要采用公开招标采购与竞争性谈判采购，本节主要讲述这两种采购方式下的物资采购准备、采购过程、采购结果发布等内容。

3.2.2 电网企业物资采购管理流程

1. 招标采购管理流程

招标采购管理流程主要涉及物资管理部门和供应商，总体流程如图 3-12 所示。

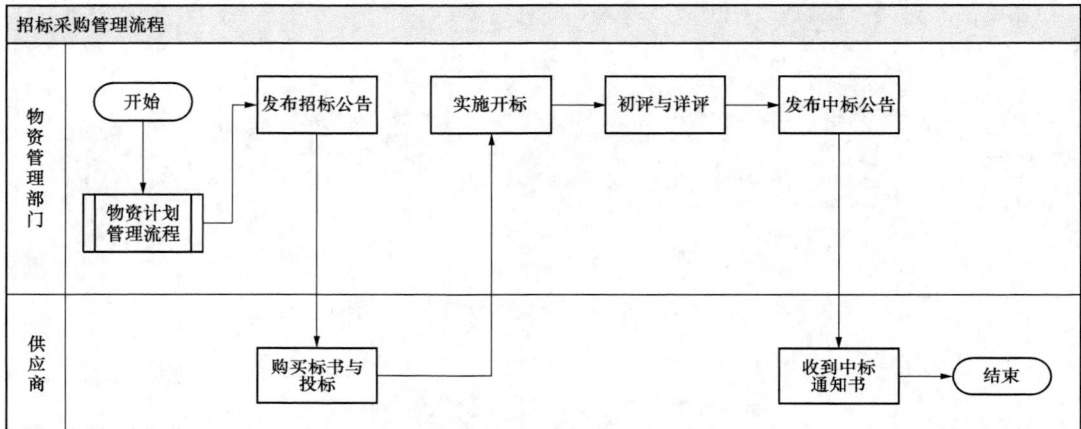

图 3-12 招标采购管理流程

以上流程要点及各部门职责如下：

（1）物资管理部门根据物资采购计划和采购策略发布招标公告，对投标供应商提交的投标文件进行开标唱价，组织技术和商务专家依照招标文件规定对投标供应商进行资格审查和详评，根据招投标工作领导小组批复意见对中标供应商信息进行公示，发放中标通知书。

（2）供应商根据物资管理部门发布的招标公告，在约定时间内购买招标文件；根据招标文件规定，在截止时间前到约定地点及时提交规范的投标资料；中标后接收中标通知书。

2. 竞争性谈判采购管理流程

竞争性谈判采购管理流程主要涉及物资管理部门和供应商，总体流程如图 3-13 所示。

以上流程要点及各部门职责如下：

（1）物资管理部门根据物资采购计划和采购策略发布竞争性谈判公告；组织技术、商务和监督专家与供应商针对价格、服务、售后、付款等条件进行充分洽谈磋商，直至双方达成一致意见；对参与竞谈的各供应商提供的技术和商务要约进行详评后确定最终的合作供应商，根据招投标工作领导小组批复意见对成交供应商信息进行公示；发放成交通知书。

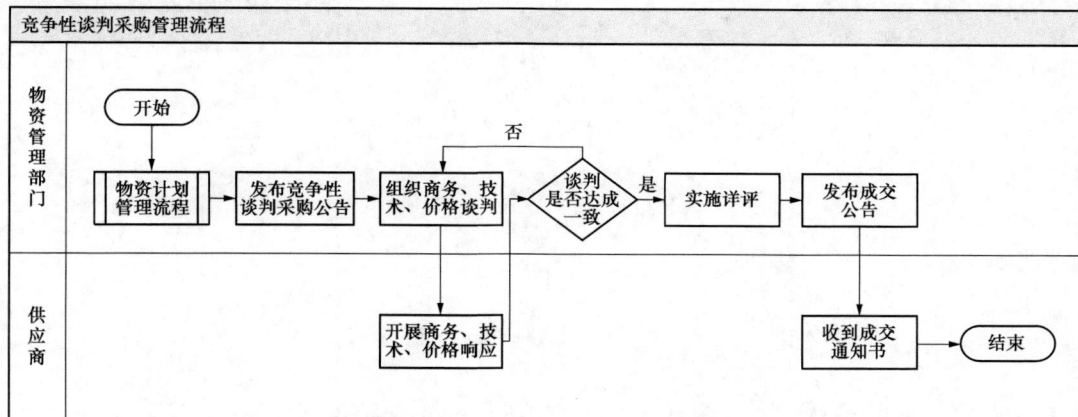

图 3-13　竞争性谈判采购管理流程

（2）供应商根据物资管理部门发布的竞争性谈判公告，在约定时间内提交技术和商务资料，并与买方竞争性谈判小组围绕采购相关事项展开磋商，直至达成一致意见或放弃；成交后接收成交通知书。

3.2.3　ERP MM 在物资采购管理中的应用

电网企业通过 ERP MM 的采购管理功能，实现对物资采购全过程的管理。基于不同的物资，采用不同的采购方式与采购流程进行采购。通过招标采购功能，实现对招标采购过程的管理；通过非招标采购功能，实现对竞争性谈判、单一来源等方式的采购过程管理，确保采购过程公开、公平、公正，满足以合理的成本为企业提供所需物资的要求。

【应用案例 3-3】　招标采购管理应用

2015 年 9 月 14 日，某电网企业在"中国采购与招标网"和 ERP MM 上同时发布了输变电工程项目货物的公开招标公告，本次货物集中招标包括了某电网企业经营范围内的 35kV 及以上线路工程物资的采购需求，工程建设项目 200 个，共计所需物资品种 35 类，估算金额 10.4 亿元，包括 A 公司在内的 54 个潜在投标人购买了 400 多份招标文件。10 月 12 日上午 9 点，在某地公开开标，投标人共递交了 300 多份投标文件。评标委员会由 24 人组成，其中 20 人为专家库中随机抽取的技术、商务专家。开标后，评标委员会根据评标细则对投标文件进行评标。10 月 22 日，招投标工作领导小组通过了评标委员会提交的评标报告，并依法进行了中标候选人公示。10 月 25 日，发布了中标公告，中标金额共计 9.84 亿元，整个招标采购过程结束。

1．招标采购准备

电网企业组建评标委员会，同时在 ERP MM 中汇总审核后的物资采购计划，根据物资类别情况进行分标。ERP MM 自动按照物资采购计划的物资类别与分标对应的物资类别进行关联，实现物资采购计划自动归类到分标下。系统应用如图 3-14 所示。

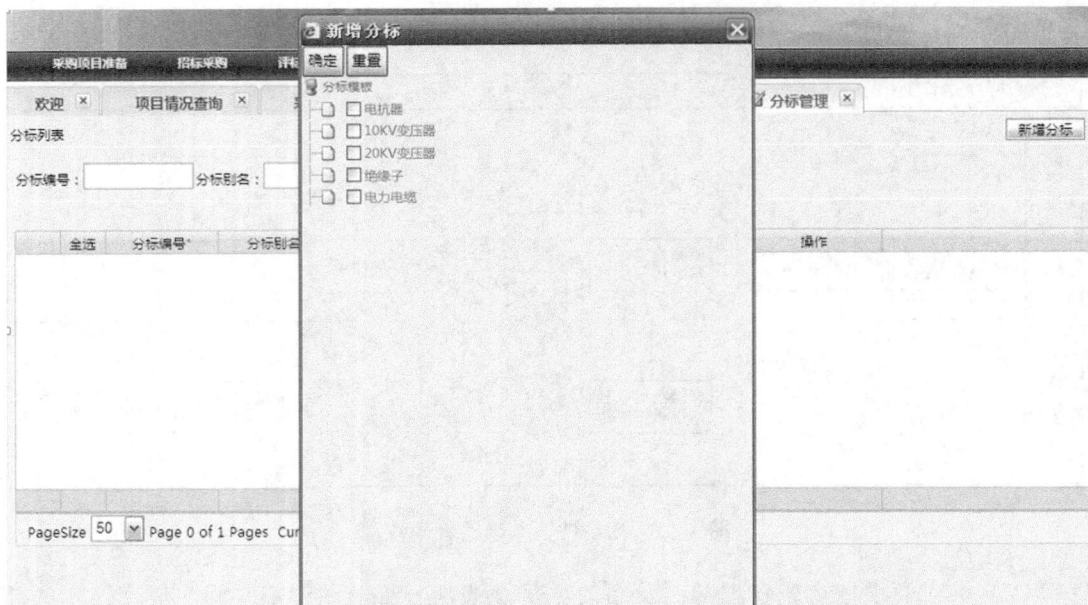

图 3-14　分标管理

　　招标采购人员可根据分标内采购总额的大小进行合理采购分包，并在 ERP MM 中手工将物资采购计划维护到对应的分包下。系统应用如图 3-15 所示。

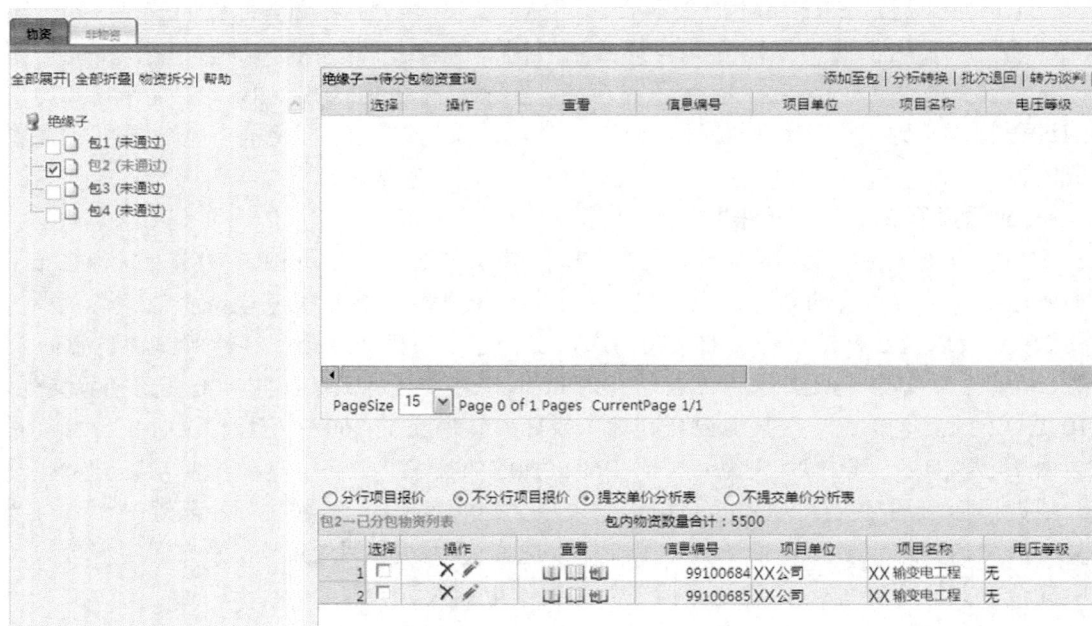

图 3-15　分包管理

2. 发标管理

招标采购人员维护招标文件，经招投标工作领导小组批准后，在 ERP MM 上发布招标公告，明确招标要求。系统应用如图 3-16 所示。

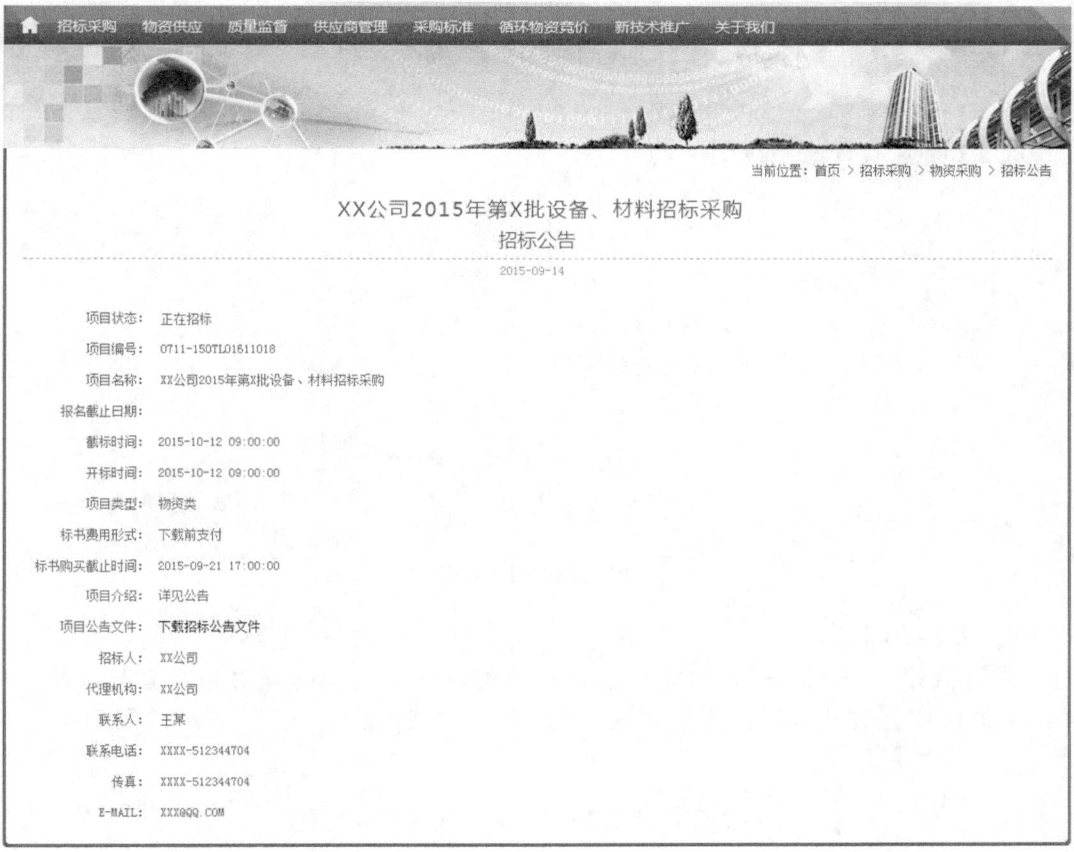

图 3-16　发布招标公告

A 公司作为供应商通过 ERP MM 获知招标公告信息后，在约定的时间内购买标书，支付相应的费用。系统应用如图 3-17 所示。

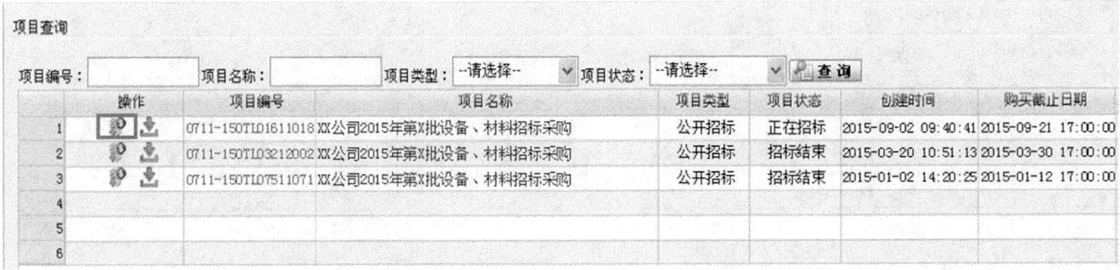

项目查询

项目编号：　项目名称：　项目类型：--请选择--　项目状态：--请选择--　查询

	操作	项目编号	项目名称	项目类型	项目状态	创建时间	购买截止日期
1		0711-150TL01611018	XX公司2015年第X批设备、材料招标采购	公开招标	正在招标	2015-09-02 09:40:41	2015-09-21 17:00:00
2		0711-150TL03212002	XX公司2015年第X批设备、材料招标采购	公开招标	招标结束	2015-03-20 10:51:13	2015-03-30 17:00:00
3		0711-150TL07511071	XX公司2015年第X批设备、材料招标采购	公开招标	招标结束	2015-01-02 14:20:25	2015-01-12 17:00:00
4							
5							
6							

图 3-17　购买标书

3．投标管理

A 公司基于自身的主营业务情况，结合投标要求，在约定的时间内选择合适的分包从商务、技术、价格三个方面应答。以电力电缆商务应答为例，选择对应的标包进行应答，生成商务投标文件。系统应用如图 3-18 所示。

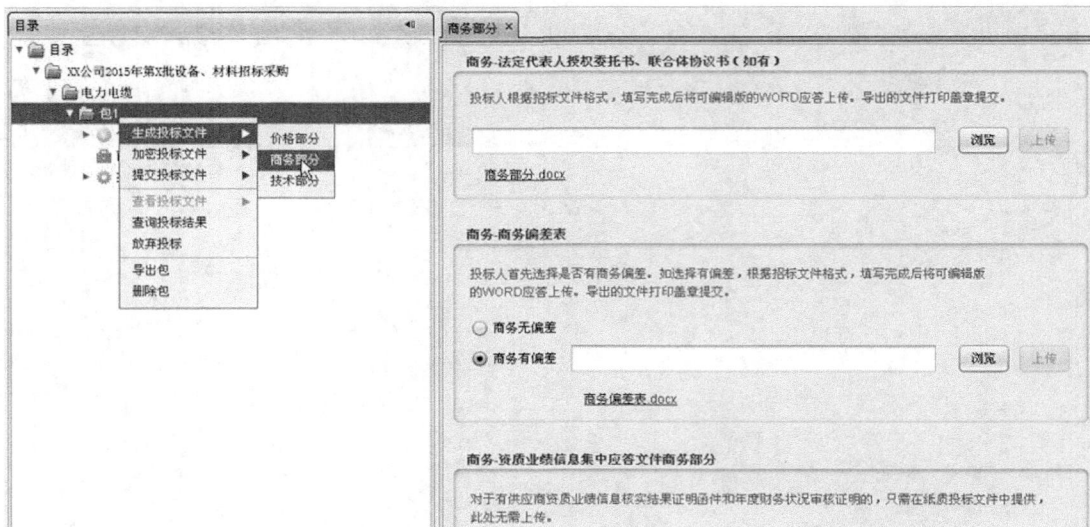

图 3-18　投标应答

4．开标管理

到达截标时间后，ERP MM 自动进行解密。解密完成后，招标采购人员进行开标，ERP MM 自动按包汇总不同供应商的报价，形成开标一览表。系统应用如图 3-19 所示。

图 3-19　开标一览表

5．评标管理

评标专家遵循"公平、公正、科学、择优"的原则，根据供应商的投标文件进行资格审查，审查通过后进入详评阶段。评标专家从商务、技术、价格三个方面进行打分，以商务打分为例。系统应用如图 3-20 所示。

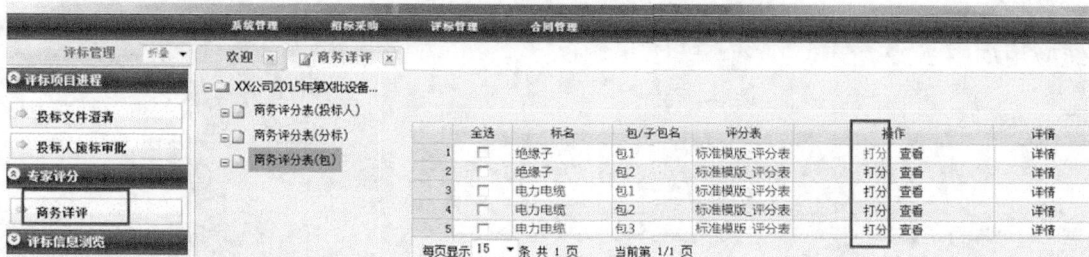

图 3-20 打分评标

6. 授标管理

评标委员会根据供应商的综合评分结果及招标文件规定的授标原则确定预中标人，经招投标工作领导小组审核后确定最终的中标结果，招标采购人员对外发布中标结果公告，各供应商可根据中标公告了解本单位中标情况。公告公示结束后，招标采购人员发放中标通知书。系统应用如图 3-21 所示。

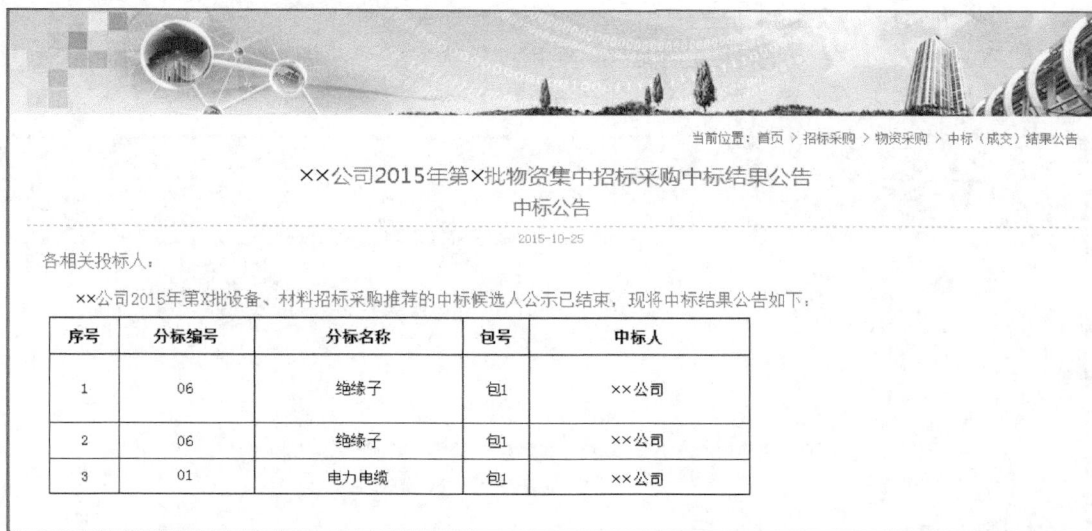

当前位置：首页 > 招标采购 > 物资采购 > 中标（成交）结果公告

××公司2015年第×批物资集中招标采购中标结果公告

中标公告

2015-10-25

各相关投标人：

××公司2015年第X批设备、材料招标采购推荐的中标候选人公示已结束，现将中标结果公告如下：

序号	分标编号	分标名称	包号	中标人
1	06	绝缘子	包1	××公司
2	06	绝缘子	包1	××公司
3	01	电力电缆	包1	××公司

图 3-21 中标公告

【应用案例3-4】 竞争性谈判采购管理应用

2016 年 1 月 21 日，某电网企业在 ERP MM 上发布了安全工器具超市化采购竞争性谈判公告，本次采购范围包括了某电网企业 2016 年安全工器具相关物资的采购需求，共计所需物资品种 63 类，发出货物清单 225 行，划分标包 47 个。2 月 16 日上午 10 点在某地开标，与包括 B 公司在内的各个潜在供应商进行谈判，谈判时间为期 4 天。2 月 29 日，经评审委员会评审并报招投标工作领导小组批准后发布成交结果公告，整个竞争性谈判采购过程结束。

1. 采购项目准备

该业务与招标采购准备类似，电网企业组建评审委员会，物资采购人员汇总物资采购计划，根据物资类别情况进行分标，在同一个分标下根据采购总额大小进行分包。系统应用如图 3-22 所示。

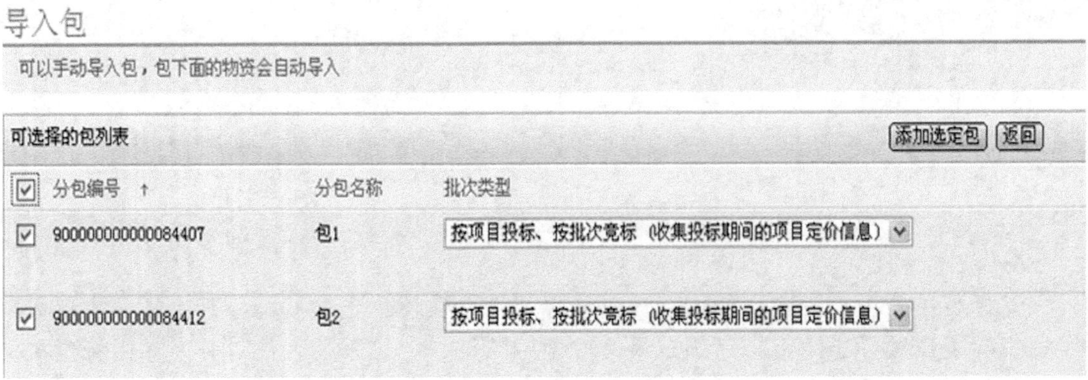

图 3-22　分包

2. 采购公告发布

物资采购人员维护竞争性谈判文件，经招投标工作领导小组批准后，在 ERP MM 上发布竞争性谈判采购公告。系统应用如图 3-23 所示。

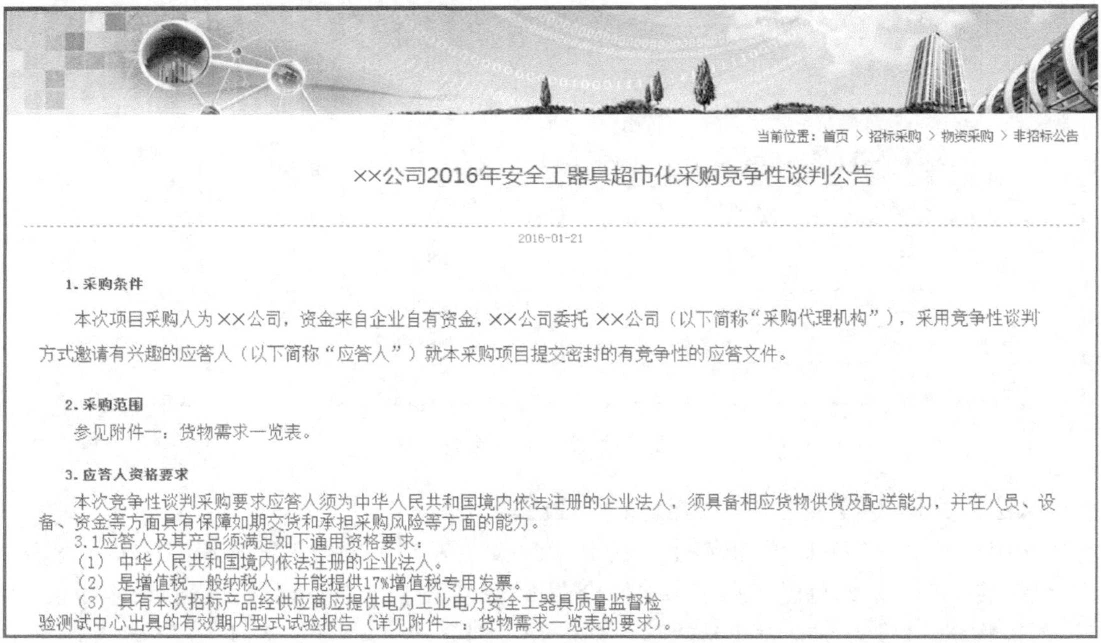

当前位置：首页 > 招标采购 > 物资采购 > 非招标公告

××公司2016年安全工器具超市化采购竞争性谈判公告

2016-01-21

1. 采购条件

本次项目采购人为××公司，资金来自企业自有资金，××公司委托 ××公司（以下简称“采购代理机构”），采用竞争性谈判方式邀请有兴趣的应答人（以下简称“应答人”）就本采购项目提交密封的有竞争性的应答文件。

2. 采购范围

参见附件一：货物需求一览表。

3. 应答人资格要求

本次竞争性谈判采购要求应答人须为中华人民共和国境内依法注册的企业法人，须具备相应货物供货及配送能力，并在人员、设备、资金等方面具有保障如期交货和承担采购风险等方面的能力。

3.1应答人及其产品须满足如下通用资格要求：

（1）中华人民共和国境内依法注册的企业法人。

（2）是增值税一般纳税人，并能提供17%增值税专用发票。

（3）具有本次招标产品经供应商应提供电力工业电力安全工器具质量监督检验测试中心出具的有效期内型式试验报告（详见附件一：货物需求一览表的要求）。

图 3-23　竞争性谈判采购公告

3. 商务、技术、价格谈判

B 公司在 ERP MM 上购买电子版竞争性谈判采购文件，参与此次安全工器具的竞争性谈判。采购人员在 ERP MM 中维护谈判事件，B 公司选择对应的谈判事件，上传商务、技术文件并对价格进行报价。系统应用如图 3-24 所示。

图 3-24 供应商应答

谈判工作组专家在 ERP MM 中对第一轮供应商的应答情况进行评审，对商务、技术、价格三个方面进行评分。系统应用如图 3-25 所示。

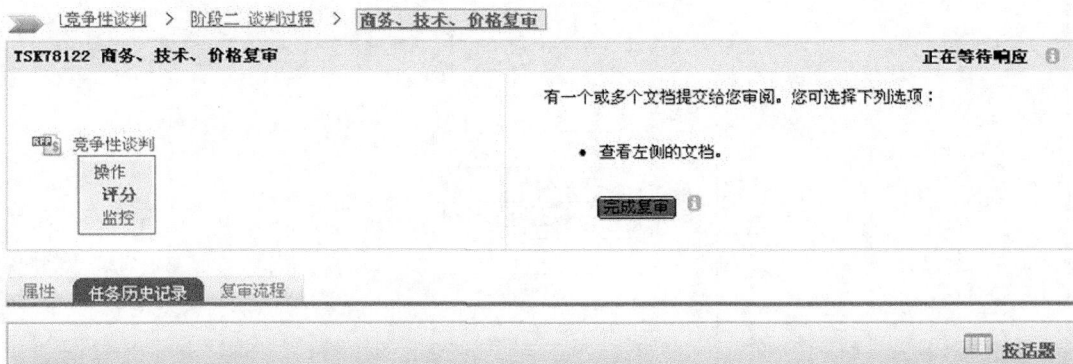

图 3-25 专家评分

如第一轮谈判过后，商务、技术和价格中的一项或多项需继续谈判，则可重新开启谈判事件，进行下一轮谈判，直到全部达成一致。

4. 意向供应商确定

谈判结束后，评审委员会综合谈判工作组专家的评分结果，根据最优化的判定方式，确定意向供应商。系统应用如图 3-26 所示。

5. 成交公告发布

招投标工作领导小组批准评审委员会提交的评审报告，物资采购人员发布成交结果公告。公示结束后，物资采购人员发放成交通知书。系统应用如图 3-27 所示。

审批任务

此任务已提交进行文档审批。如果您是任务审批人，则您可以"批准"或"拒绝"此任务。批准此任务意味着在不更改的情况下完全接受文档。如果拒绝此任

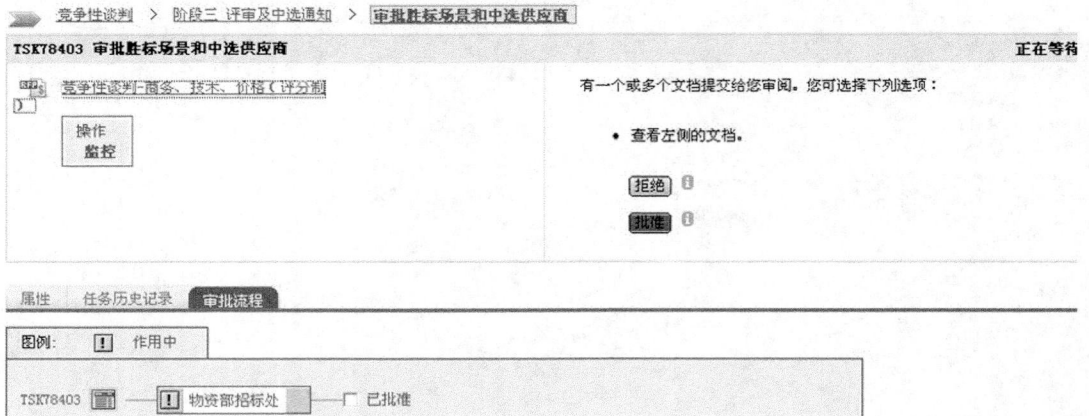

竞争性谈判 > 阶段三 评审及中选通知 > 审批胜标场景和中选供应商

TSK78403 审批胜标场景和中选供应商　　　　　　　　　　　　　　　　　正在等待

竞争性谈判-商务、技术、价格（评分制）

操作
监控

有一个或多个文档提交给您审阅。您可选择下列选项：

• 查看左侧的文档。

拒绝
批准

属性　任务历史记录　审批流程

图例：　！　作用中

TSK78403　—！物资部招标处　—　已批准

图 3-26　批准中选供应商

当前位置：首页 > 招标采购 > 物资采购 > 中标（成交）结果公告

XX公司2016年安全工器具超市化采购竞争性谈判成交公告

2016-02-29

XX公司2016年安全工器具超市化采购竞争性谈判工作已结束，经评审委员会评审并报XX公司招投标领导小组批准，现将成交结果公告如下：

包名	成交人
包1	××公司
	××公司
	××公司
	××公司
	××公司
包2	××公司
	××公司
	××公司
	××公司
	××公司
包3	××公司
	××公司
	××公司
	××公司

图 3-27　发布成交公告

物资合同管理

物资合同管理是指企业作为法律关系的主体，依法对本企业物资合同的签订、履行、变更以及结算等进行组织、监督、诉讼、协调以及控制等一系列活动的总称。依法签订和履约物资合同，是保证电力物资及时供应的基础。本章主要阐述物资合同签订管理、合同履行管理、合同结算管理的相关概念及其业务流程，并通过 ERP MM 对合同进行管理，实现对物资合同全过程管控，保证公司经营的依法合规。

4.1 物资合同签订管理

4.1.1 物资合同签订管理概述

合同签订是合同两方及以上当事人通过协商并在互相之间建立合同关系的行为，是合同双方动态行为和静态协议的统一，它既包括缔约各方在达成协议之前接触和洽谈的整个动态的过程，也包括双方达成合意、确定合同的主要条款或者合同条款之后所形成的协议，一般经过要约和承诺两个阶段。

电网企业合同签订管理主要包括集中采购项目和零星采购项目合同的签订。对集中采购项目，根据公司安排，物资管理部门及时协调项目管理部门参加集中合同签订会。对零星采购项目，根据中标结果，项目管理部门与供应商签订技术协议后，物资管理部门根据统一合同版本起草商务合同和保廉合同等。

由于电网企业物资采购工作通常以招标采购方式进行，在合同签订过程上增加了要约邀请的阶段，具体如下：

（1）要约邀请阶段。《合同法》规定，招标活动中的招标公告（文件）发布属于要约邀请行为，表明了买受人缔约的意思，招标文件中对采购物资名称、数量、技术要求，招标人资质，合同文本等内容进行公告，但此时合同条款对双方尚无法律约束力。

（2）要约阶段。投标人的投标文件属于要约，投标文件内容主要包括采购物资、款项、时间和其他条件等。

（3）承诺阶段。招标人接受投标人提出的投标条件，就意味着接受了其提出的要约，构成了承诺，按照合同法规定，承诺一旦生效，则合同成立。

4.1.2 电网企业物资合同签订管理流程

1. 招标采购合同签订管理流程

招标采购合同签订管理流程主要涉及物资管理部门、供应商和法务部门，总体流程如图 4-1 所示。

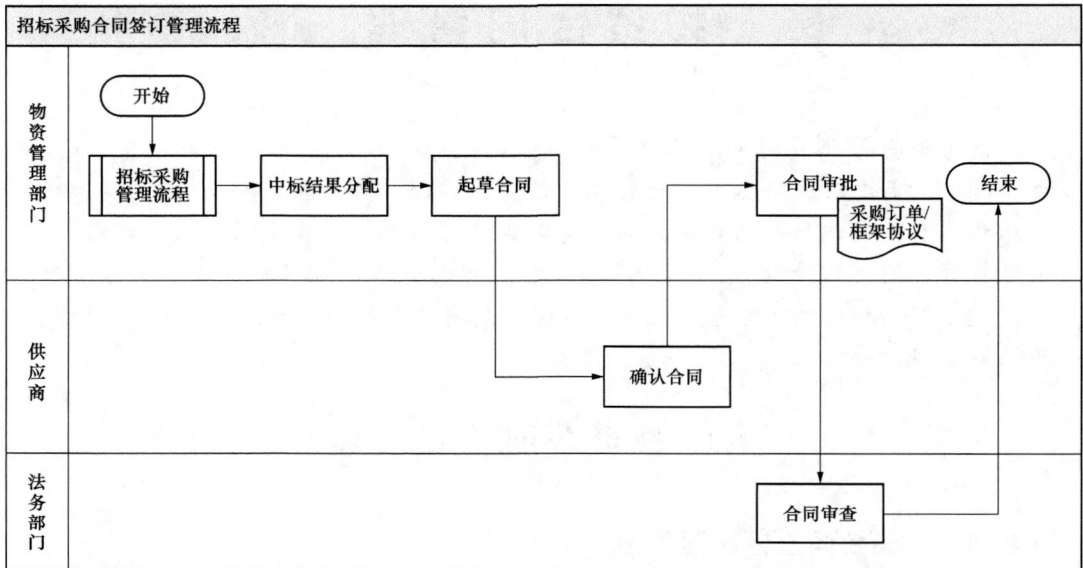

图 4-1 招标采购合同签订管理流程

以上流程要点及各部门职责如下：

（1）物资管理部门核对中标结果与中标通知书，核对无误后进行中标结果分配；起草合同并对合同信息进行维护，提交法务部门审查会签，完成合同盖章生效。

（2）供应商对合同初稿进行协同，维护合同相关信息，确认合同内容无误。

（3）法务部门负责合同商务部分的修订，对物资合同签订的规范性进行审查并进行会签，对合同签订工作提供法律咨询，指导处理合同签订过程中发生的法律纠纷。

2. 超市化采购合同签订管理流程

超市化采购合同签订管理流程主要涉及物资管理部门、供应商和法务部门，总体流程如图 4-2 所示。

以上流程要点及各部门职责如下：

（1）物资管理部门核对成交结果与成交通知书，核对无误后进行成交结果分配；起草合同并对合同信息进行维护，提交法务部门审查会签，完成合同盖章生效；维护超市化采购商品目录信息。

（2）供应商对合同草稿进行协同，维护合同相关信息，确认合同内容无误。

（3）法务部门负责合同商务部分的修订，对物资合同签订的规范性进行审查并进行会签，对合同签订工作提供法律咨询，指导处理合同签订过程中发生的法律纠纷。

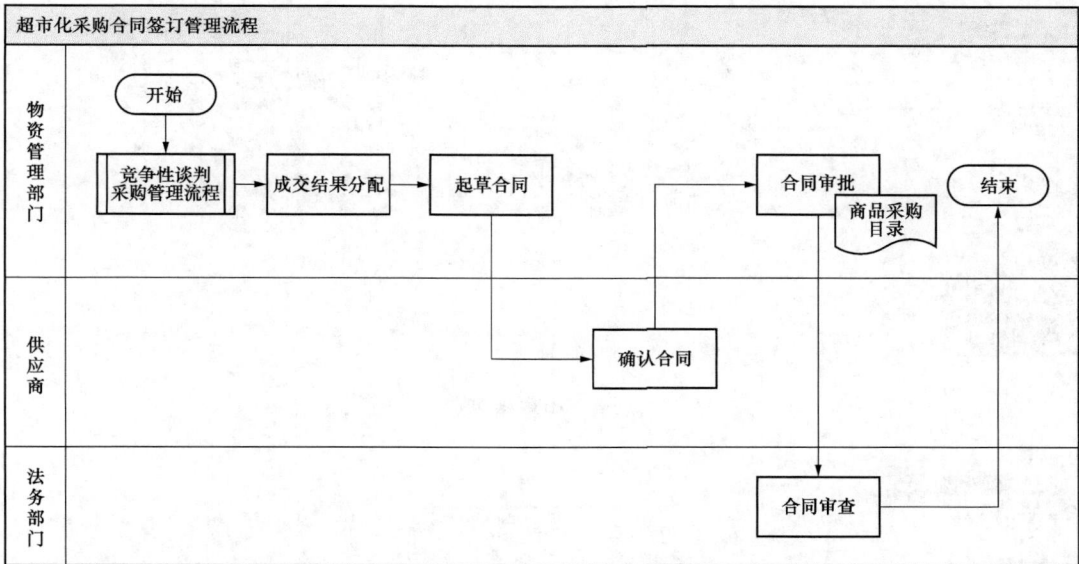

图 4-2　超市化采购合同签订管理流程

4.1.3　ERP MM 在物资合同签订管理中的应用

在 ERP MM 中，采购订单作为批次招标采购合同的载体，记录供应商、物料、数量、价格、交货日期等合同信息；框架协议作为协议库存采购与超市化采购合同的载体，记录供应商、物料、价格、数量、协议有效期等合同信息。采购订单与框架协议的维护都可以参考采购申请开展，实现采购信息的共享传递。

【应用案例 4-1】 批次招标采购合同签订管理应用

某电网企业根据需求部门申报的输变电项目物资采购需求，完成 2015 年输变电项目第 N 批变电设备（含电缆）及线路装置性材料的招标采购工作。2015 年 11 月初，物资管理部门组织实施合同集中签订会，包括 A 公司在内的多家中标供应商参加了本次合同集中签订工作。物资管理部门完成合同起草、审批并经法务部门审查后，现场完成与供应商的纸质合同签字盖章工作。

1. 中标结果分配

电力电缆、接地电缆等物资的中标结果发布后，合同签订主管将中标结果与中标通知书进行核对，核对无误后在 ERP MM 中将中标结果分配给合同经办人员，并通知其进行合同起草工作。系统应用如图 4-3 所示。

2. 批次招标采购合同起草

合同经办人根据电力电缆、接地电缆等物资的采购计划信息与中标结果信息起草合同，上传必要的合同附件。系统应用如图 4-4 所示。

3. 批次招标采购合同确认

合同经办人起草完合同后，ERP MM 自动将合同分配给对应的供应商 A 公司进行确认。A 公司对合同货物价格信息、银行账号信息等内容进行确认。系统应用如图 4-5 所示。

图 4-3　中标结果分配

图 4-4　批次招标采购合同起草

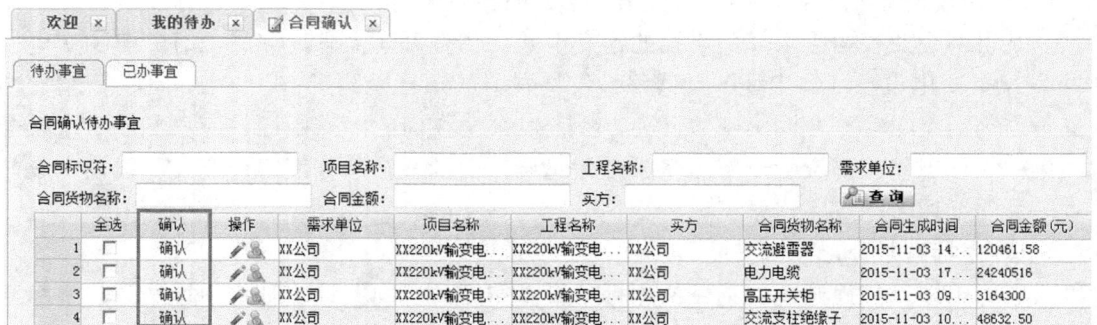

图 4-5　批次招标采购合同确认

4．批次招标采购合同审批

A 公司确认合同后，ERP MM 自动根据合同信息创建采购订单，采购订单经物资、法务等部门审批后生效。系统应用如图 4-6 所示。

【应用案例 4-2】　协议库存采购合同签订管理与超市化采购合同签订管理应用

由于协议库存采购合同、超市化采购合同的签订过程与批次招标采购合同签订过程类似，此处只对差异部分进行阐述。

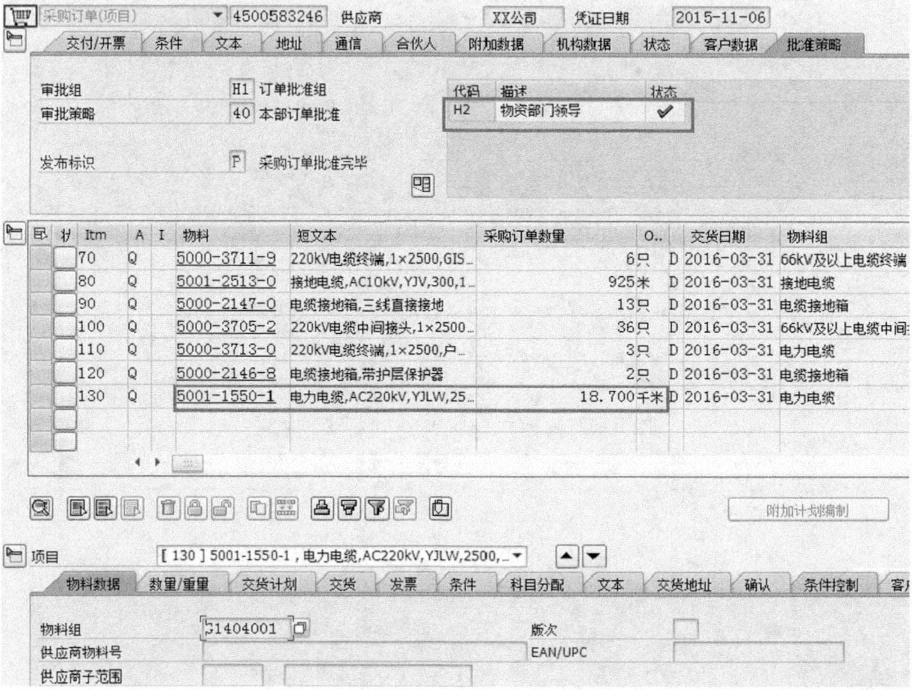

图 4-6　批次招标采购合同审批

1.　协议库存采购合同维护

协议库存采购合同经供应商确认后，ERP MM 自动根据合同信息创建框架协议，框架协议经物资、法务等部门审批后生效。系统应用如图 4-7 所示。

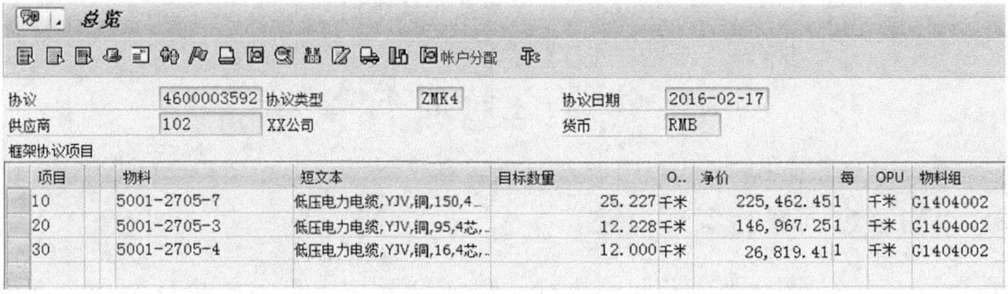

图 4-7　协议库存采购合同查询

2.　协议库存采购合同有效期查询

由于协议库存采购合同是对未来一定时间内物资采购数量或者金额进行约定的协议，所以每个协议库存采购合同都有一个协议有效期。系统应用如图 4-8 所示。

3.　商品采购目录维护

超市化采购合同签订生效后,合同经办人员维护超市化采购物资的电子目录,在 ERP 系统中导入图形化商品信息,后续各需求部门人员可根据实际情况自行选购物资。系统应用如图 4-9 所示。

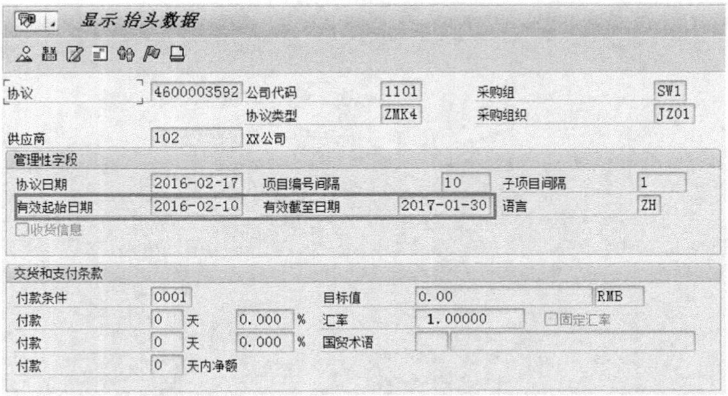

图 4-8　协议库存采购合同有效期查询

图 4-9　商品采购目录维护

4.2　物资合同履行管理

4.2.1　物资合同履行管理概述

合同履行是指对合同规定义务的执行。任何合同规定义务的执行都是合同的履行行为。当合同义务执行完毕时，合同也就履行完毕。

合同履行管理主要是指对合同履行过程中的执行、纠纷处理进行组织、实施和控制的管理过程。物资合同生效后，物资管理部门负责合同物资的催交催运、配送仓储、移交验收、现场服务、日常协调等工作，收集、汇总、分析合同履行的相关信息和资料；监控物资合同履行中的异常情况，并组织需求部门商讨解决方案。

在合同履行过程中，有时会涉及合同变更，合同变更是指有效成立的合同在尚未履行或未履行完毕之前，由于工程建设实际需要、原材料价格变化等因素致使合同标的、合同数量等合同内容发生改变，对合同执行产生影响，需要对原合同进行变更的情况。合同变更的是合同关系，如标的数量的增减，履行时间、地点、方式的变化，而不是合同性质的变化。本书所介绍的合同变更主要是针对批次招标采购合同履行过程中，合同履行数量、金额在招标文件约定范围内的增减变更。

4.2.2 电网企业物资合同履行管理流程

1. 批次招标采购物资合同履行管理流程

批次招标采购物资合同履行管理流程主要涉及物资管理部门、项目管理部门、供应商、运行管理部门，总体流程如图 4-10 所示。

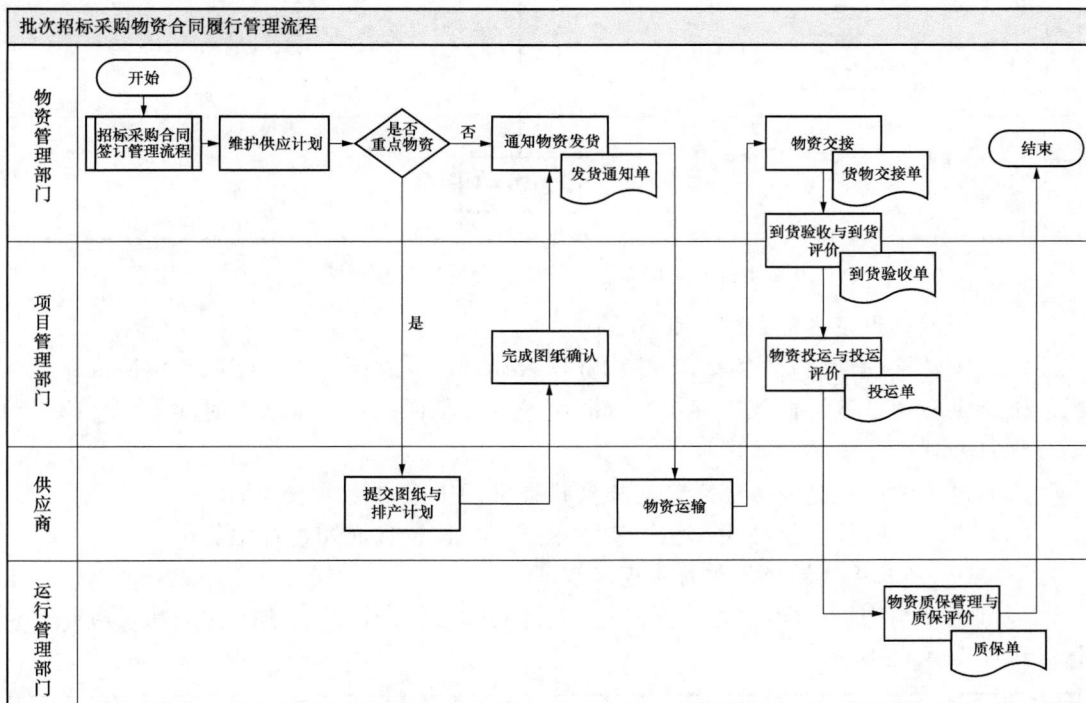

图 4-10 批次招标采购物资合同履行管理流程

以上流程要点及各部门职责如下：

（1）物资管理部门负责具体履行跟踪协调工作，密切跟踪物资生产进度和项目实施进度；确认物资交货期，维护发货通知，明确送货时间；组织到货物资外观、数量的验收，开展到货验收评价；负责合同履行期间的质量问题收集。

（2）项目管理部门负责完成图纸确认，配合物资管理部门做好到货验收与到货评价相关工作，并出具到货验收单；负责物资投运后出具物资投运单，并对供应商现场服务情况进行评价。

（3）供应商负责与物资管理部门确认物资交货期，根据供应计划对物资组织生产；根据发货通知进行物资运输；配合到货物资现场验收。

（4）运行管理部门负责编写物资投运后的运行报告，出具质保单并做出质保评价。

2. 协议库存采购合同履行管理流程

协议库存采购物资合同履行管理流程主要涉及物资管理部门、需求部门和供应商，总体流程如图 4-11 所示。

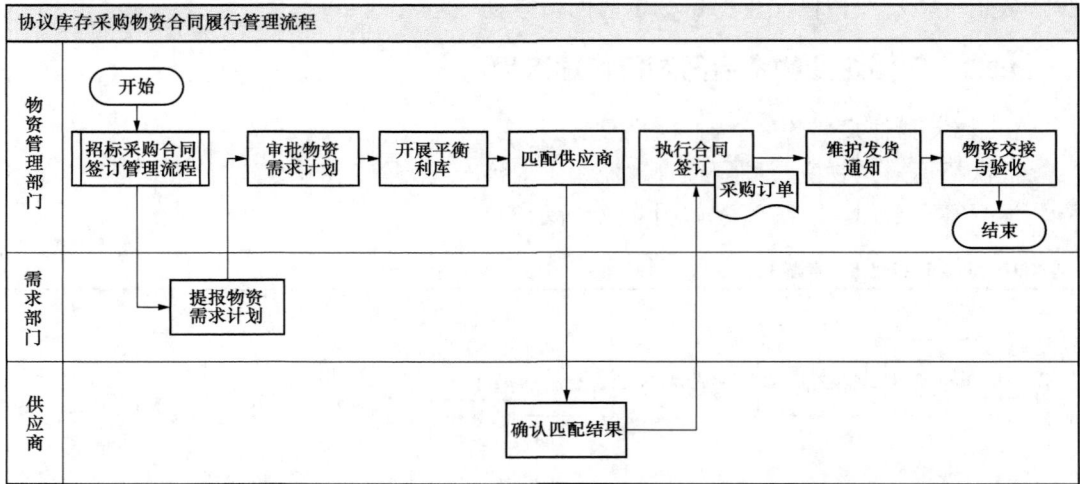

图 4-11　协议库存采购物资合同履行管理流程

以上流程要点及各部门职责如下：

（1）物资管理部门负责汇总审核物资需求计划，并进行平衡利库；开展协议库存匹配，确定供应商；签订协议库存执行合同；维护发货通知，明确送货时间等信息；组织到货物资外观、数量的验收。

（2）需求部门根据业务需求，向物资管理部门提报物资需求计划。

（3）供应商确认匹配结果，组织物资生产，并按发货通知进行交货。

3．超市化采购物资合同履行管理流程

超市化采购物资合同履行管理流程主要涉及物资管理部门、需求部门和供应商，总体流程如图 4-12 所示。

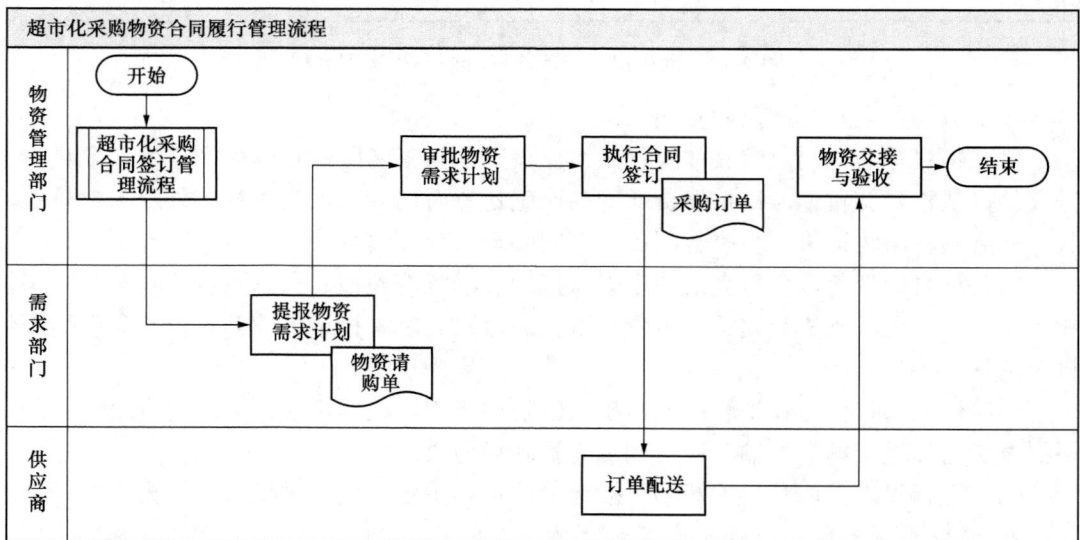

图 4-12　超市化采购物资合同履行管理流程

以上流程要点及各部门职责如下：

（1）物资管理部门负责汇总审核物资需求计划，签订超市化采购执行合同，组织到货物资外观、数量的验收。

（2）需求部门根据物资超市化采购电子目录，提报物资需求计划。

（3）供应商确认采购内容，并对订单物资进行配送。

4. 批次招标采购合同履行变更管理流程

批次招标采购合同履行变更管理流程主要涉及需求部门、物资管理部门、法务部门和供应商，总体流程如图 4-13 所示。

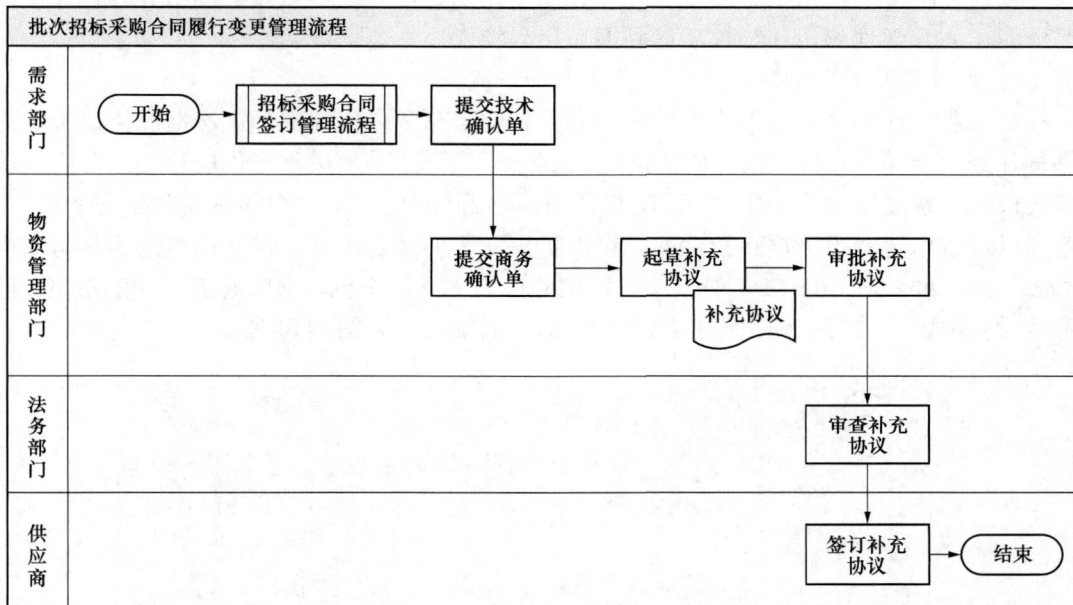

图 4-13　批次招标采购合同履行变更管理流程

以上流程要点及各部门职责如下：

（1）需求部门明确变更内容和变更原因，并提交技术确认单。

（2）物资管理部门依据合同、现场物资供应情况，审核合同履行中发生的变更是否符合相关规定；提交商务确认单，负责与供应商协商生成补充协议，提交法务部门审查会签；负责办理合同变更手续，与供应商签订补充协议。

（3）法务部门负责对物资补充协议的规范性进行审查会签，对合同补签工作提供法律咨询，指导处理合同补签过程中发生的法律纠纷。

（4）供应商确认补充协议内容，并完成协议签订。

4.2.3　ERP MM 在物资合同履行管理中的应用

物资合同签订生效后，电网企业通过 ERP MM 的物资供应计划功能、投运单与质保单管理功能，跟踪批次招标采购物资供应计划的下达、交货期变更、物资发货、物资交接与验收、物资投运与质保等业务环节的进展情况；通过 ERP MM 的统购统配功能，实现对协议库存采购物资合同履行全过程的管理；通过 ERP MM 的超市化采购配送功能，支撑超市化采购物资合同履行业务的开展；通过 ERP MM 的补充协议功能，协助合同履行变更业务的执行。

【应用案例 4-3】 批次招标采购物资合同履行应用

某电网企业与供应商 A 公司完成合同签订，采购 220kV 输变电工程的组合电器、变压器、电力电缆等物资。合同履约人员根据合同制定物资供应计划，并定期跟踪物资生产进度，距交货期 20 天向 A 公司提交发货通知。A 公司根据发货通知实施物资运输工作，物资送达指定地点后，合同履约人员组织项目管理部门、A 公司开展物资交接与验收。项目管理部门根据项目施工进度，领用上述物资，并在项目投运后出具物资投运情况证明。运行管理部门在物资质保到期后出具物资质保情况证明。

1. 物资供应计划管理

物资供应计划是指根据物资需求计划、合同信息和供应商实际生产情况协商确定的供货计划。合同签订生效后，ERP MM 根据合同信息自动生成物资供应计划。合同履约人员根据工程进度与物资生产周期，提前组织项目管理部门、A 公司确定物资交货日期。若项目进度出现变更，项目管理部门可以提出交货期变更申请，待合同履约人员与供应商协调后，可以在 ERP MM 中办理物资供应计划交货期变更。供应商因为产能不足、厂房搬迁等原因，也可以提出交货期变更申请。系统应用如图 4-14 所示。

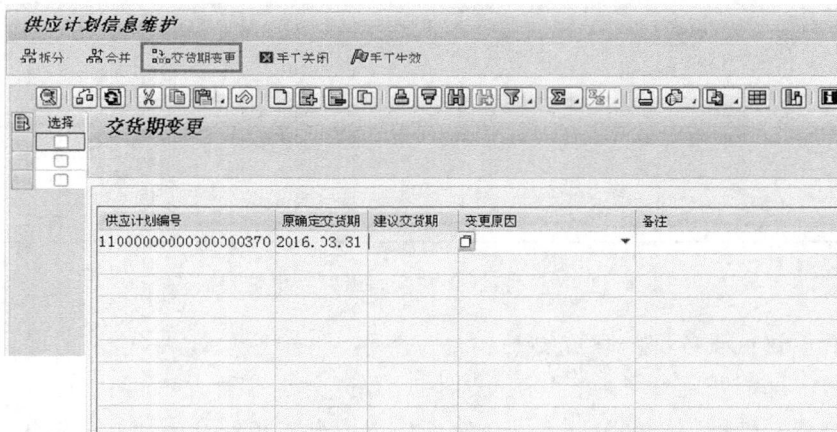

图 4-14 交货期变更

当合同双方确定物资交货期之后，合同履约人员在到货前 10 天联系项目管理部门落实现场物资接收工作，ERP MM 在到货前 7 天自动对物资供应计划做生效处理。相关部门人员可通过查询 ERP MM 中物资供应计划的状态，了解物资供应进展情况。系统应用如图 4-15 所示。

2. 重点物资配置

对于需要重点关注的物资，合同履约人员需要对图纸交付、物资排产与生产进度等情况进行深入了解，确保物资按时优质交付。合同履约人员可以在 ERP MM 中自行维护重点物资的范围。系统应用如图 4-16 所示。

供应计划查询

供应计划编号	采购订单号	采购订单行项目	项目名称	物料描述	供应商名称	数量	确定交货期	供应计划状态
1110000000000827933	4500583246	130	XX220千伏世纪输变电工程	电力电缆,AC220kV,YJLW,2500,1,03,ZC,Z	XX公司	18.700	2016-03-31	5:已验收
1110000000000827914	4500583202	10	XX220千伏世纪输变电工程	接地电缆,AC10kV,YJV,300,1,ZC	XX公司	925.000	2016-04-26	5:已验收
1110000000000827915		20	XX220千伏世纪输变电工程	220kV电缆终端,1×2500,GIS终端,预制,铜	XX公司	3.000	2016-04-26	5:已验收
1110000000000827916		30	XX220千伏世纪输变电工程	电缆接地箱,带护层保护器	XX公司	13.000	2016-04-26	5:已验收
1110000000000827917		40	XX220千伏世纪输变电工程	220kV电缆中间接头,1×2500,绝缘接头,铜	XX公司	36.000	2016-04-26	5:已验收
1110000000000827918		50	XX220千伏世纪输变电工程	电缆接地箱,三线直接接地	XX公司	13.000	2016-04-26	5:已验收
1110000000000827919		60	XX220千伏世纪输变电工程	电力电缆,AC220kV,YJLW,2500,1,03,ZC,Z	XX公司	18.700	2016-04-26	5:已验收
1110000000000827920		70	XX220千伏世纪输变电工程	220kV电缆终端,1×2500,户外终端,复合套管,铜	XX公司	3.000	2016-04-26	5:已验收
1110000000000827397	4500582356	10	XX220千伏世纪输变电工程	交流棒形悬式复合绝缘子,FXBW-220/120-2,2350,63	XX公司	23.000	2016-05-25	5:已验收
1110000000000827396	4500582350	10	XX220千伏世纪输变电工程	OPGW光缆,48芯,G.652,120/96/101,铝包钢	XX公司	12.400	2016-05-27	5:已验收
1110000000000827354	4500582341	10	XX220千伏世纪输变电工程	220kV导线跳线通用,2TP-20-10H(P)Z	XX公司	150.000	2016-05-27	5:已验收
1110000000000827355		20	XX220千伏世纪输变电工程	接续金具-地线接续管,JY-120BG-35	XX公司	25.000	2016-05-27	5:已验收
1110000000000827356		30	XX220千伏世纪输变电工程	220kV导线跳线通用,2NZ21Y-4040-12P(H)Z	XX公司	97.000	2016-05-27	5:已验收
1110000000000827357		40	XX220千伏世纪输变电工程	220kV导线悬垂通用,2XZ22-6060-12P(H)-2B铝	XX公司	24.000	2016-05-27	5:已验收
1110000000000827358		50	XX220千伏世纪输变电工程	接续金具-地线接续管,JY-120BG-35	XX公司	2.000	2016-05-27	5:已验收
1110000000000827359		60	XX220千伏世纪输变电工程	地线耐张通用,BN2Y-BG-10	XX公司	8.000	2016-05-27	5:已验收
1110000000000827360		70	XX220千伏世纪输变电工程	220kV导线悬垂通用,2VP11-4000-12P(H)铝	XX公司	6.000	2016-05-27	5:已验收
1110000000000827361		80	XX220千伏世纪输变电工程	220kV导线耐张通用,2NP21Y-4040-12P(H)	XX公司	61.000	2016-05-27	5:已验收
1110000000000827362		90	XX220千伏世纪输变电工程	220kV导线跳线通用,2TP-20-10H(P)Z	XX公司	54.000	2016-05-27	5:已验收
1110000000000827363		100	XX220千伏世纪输变电工程	接续金具-钢芯铝绞铝线接续管,JYD-400/35	XX公司	35.000	2016-05-27	5:已验收
1110000000000827364		110	XX220千伏世纪输变电工程	220kV导线跳线通用,2NZ21Y-4040-12P(H)Z	XX公司	229.000	2016-05-27	5:已验收
1110000000000827365		120	XX220千伏世纪输变电工程	220kV导线悬垂通用,2XZ22-6060-12P(H)-2B铝	XX公司	18.000	2016-05-27	5:已验收
1110000000000827366		130	XX220千伏世纪输变电工程	地线耐张通用,BN3Y-BG40-1207P	XX公司	9.000	2016-05-27	5:已验收

图 4-15　物资供应计划查询

重点物资配置

选择	物资大类	物资中类	物资小类	工程编号	物资属性	创建人	创建时间	是否支持分批排产	所属公司	查看工序
☐	G10	G101	G1015001	0	0	XXX	2013-06-03	☑		双击查看工序
☐	G10	G101	G1015002	0	0	XXX	2013-06-03	☑		双击查看工序
☐	G10	G101	G1015003	0	0	XXX	2013-06-03	☑		双击查看工序
☐	G10	G101	G1012003	0	0	XXX	2013-06-03	☑		双击查看工序
☐	G10	G100	G1002001	0	0	XXX	2013-06-03	☑		双击查看工序
☐	G10	G100	G1008002	0	0	XXX	2013-06-03	☑		双击查看工序
☐	G10	G102	G1024001	0	0	XXX	2013-06-03	☑		双击查看工序
☐	G10	G102	G1027002	0	0	XXX	2013-06-03	☑		双击查看工序
☐	G10	G100	G1001008	0	0	XXX	2013-06-03	☑		双击查看工序
☐	G10	G100	G1001009	0	0	XXX	2013-06-03	☑		双击查看工序
☐	G10	G100	G1001010	0	0	XXX	2013-06-03	☑		双击查看工序
☐	G10	G100	G1003003	0	0	XXX	2013-06-03	☑		双击查看工序

关闭

工程编号:	0		物资属性:	G		
物资大类:	G10		物资中类:	G101	物资小类:	G1015001
创建时间:	13-06-03		创建人:	XXX	是否支持分批排产:	☑
所属公司:	99					

工序数据

工序号	工序名称	工序顺序号	状态是否必填	状态值
1	开始生产时间		1	
2	试验开始时间		1	
3	试验通过时间		1	
4	具备发运时间		1	

图 4-16　重点物资配置

3. 图纸交付与排产计划查询

对变压器、组合电器等重点物资，合同履约人员协调项目管理部门组织设计单位与供应商及时进行图纸确认工作。系统应用如图 4-17 所示。

图纸交付信息

采购订单号	行项目	图纸交付编号	序号	图纸名称	图纸计划提交日期	图纸实际提交日期	图纸确认日期
4500542056	10	900000000000038372	1	XX输变电工程	2015-09-18	2015-09-18	2015-09-28
4500542148		900000000000035430	1	XX输变电工程	2015-10-09	2015-10-09	2015-10-12
4500560811		900000000000039294	1	一次图	2015-08-28	2015-08-28	2015-09-18
		900000000000039296	1	一次图	2015-08-28	2015-08-28	2015-09-18
4500560831		900000000000040034	1	一次图纸、二次图纸	2015-11-20	2015-11-20	2016-04-08
4500639584		900000000000053088	1	一次二次图纸	2016-10-06	2016-10-06	2016-11-15
4500640190		900000000000044986	1	一次图纸	2016-08-05	2016-08-05	2017-02-07
			2	二次图纸	2016-08-05	2016-08-05	2017-02-14
4500683743		900000000000048703	1	一次图纸	2017-02-01	2017-02-27	2017-04-11
			2	二次图纸	2017-02-01	2017-03-20	2017-05-19
4500686513		900000000000049118	1	一次图纸	2017-02-14	2017-02-14	2017-06-30
			2	二次图纸	2017-02-14	2017-02-14	2017-06-30

图 4-17 图纸交付查询

图纸确认后，合同履约人员定期与供应商保持联系，督促供应商开展物资排产，了解物资排产计划，准确掌握物资生产进度。系统应用如图 4-18 所示。

重点物资排产

采购订单号	行项目	排产计划编号	排产批次号	排产工单号	工序号	工序名称	计划时间	实际时间	状态值	数量	单位
4500560811	10	900000000000021686	1		1	开始生产时间	2016-01-04	2016-01-03		2.000	间隔
					2	试验（试组装）开始时间	2016-01-29	2016-01-28		2.000	间隔
					3	试验（试组装）通过时间	2016-02-25	2016-02-26		2.000	间隔
					4	具备发运时间	2016-03-03	2016-03-03		2.000	间隔

图 4-18 物资排产与生产进度查询

4. 物资发货通知

物资供应计划生效后，合同履约人员在 ERP MM 中根据物资供应计划创建发货通知，维护收货联系人、收货联系人固定电话、收货联系人手机号码、实际交货地点等信息，通知供应商及时进行物资发货。系统应用如图 4-19 所示。

发货通知查询

发货通知编号	供应商	项目名称	采购订单编号	采购订单行项目编号	物料描述	发货数量	预计发货期	预计到货期	供应商联系...	供应商联系人手机	收货联系人	收货联系人固定电话	实际交货地点	承运人	承运人手机
11200000003000207460	XX公司	XX220千伏世纪输变电工程	4500582341	270	地线悬垂通用,BX3S-BG40-1607P	4.000	2016-05-12	2016-05-27	俞某	13XXXXXXXXX	周某	5XXXXXXX	九和路16号	张某	13XXXXXXXXX
11200000003000207461	XX公司	XX220千伏世纪输变电工程		20	接续金具-地线接续管,JY-120BG-35	25.000	2016-05-19	2016-05-24	俞某	13XXXXXXXXX	周某	5XXXXXXX	九和路16号	张某	13XXXXXXXXX
11200000003000207462	XX公司	XX220千伏世纪输变电工程		10	220kV导线跳线通用,2TP-20-10H(P)Z	150.000	2016-05-18	2016-05-27	俞某	13XXXXXXXXX	周某	5XXXXXXX	九和路16号	张某	13XXXXXXXXX
11200000003000207473	XX公司	XX220千伏世纪输变电工程		140	地线耐张通用,BN3Y-BG40-1207P	25.000	2016-05-18	2016-05-19	俞某	13XXXXXXXXX	周某	5XXXXXXX	九和路16号	张某	13XXXXXXXXX
11200000003000207474	XX公司	XX220千伏世纪输变电工程		130	地线耐张通用,BN3Y-BG40-1207P	9.000	2016-05-04	2016-05-2	俞某	13XXXXXXXXX	周某	5XXXXXXX	九和路16号	张某	13XXXXXXXXX
11200000003000207475	XX公司	XX220千伏世纪输变电工程		120	220kV导线悬垂通用,2XZ22-6060-12P(H)-2B铝	18.000	2016-05-12	2016-05-27	俞某	13XXXXXXXXX	周某	5XXXXXXX	九和路16号	张某	13XXXXXXXXX
11200000003000207477	XX公司	XX220千伏世纪输变电工程		100	接续金具-钢芯铝绞线接续管,JYD-400/35	35.000	2016-05-11	2016-05-27	俞某	13XXXXXXXXX	周某	5XXXXXXX	九和路16号	张某	13XXXXXXXXX
11200000003000207478	XX公司	XX220千伏世纪输变电工程		90	220kV导线跳线通用,2TP-20-10H(P)Z	54.000	2016-05-12	2016-05-27	俞某	13XXXXXXXXX	周某	5XXXXXXX	九和路16号	张某	13XXXXXXXXX
11200000003000207479	XX公司	XX220千伏世纪输变电工程		80	220kV导线耐张通用,2NP21Y-4040-12P(H)	51.000	2016-05-18	2016-05-27	俞某	13XXXXXXXXX	周某	5XXXXXXX	九和路16号	张某	13XXXXXXXXX
11200000003000207481	XX公司	XX220千伏世纪输变电工程		60	地线耐张通用,BN2Y-BG-10	8.000	2016-05-24	2016-05-27	俞某	13XXXXXXXXX	周某	5XXXXXXX	九和路16号	张某	13XXXXXXXXX
11200000003000207482	XX公司	XX220千伏世纪输变电工程		50	接续金具-地线接续管,JY-120BG-35	2.000	2016-05-16	2016-05-27	俞某	13XXXXXXXXX	周某	5XXXXXXX	九和路16号	张某	13XXXXXXXXX
11200000003000207483	XX公司	XX220千伏世纪输变电工程		40	220kV导线悬垂通用,2XZ22-6060-12P(H)-2B铝	24.000	2016-05-11	2016-05-27	俞某	13XXXXXXXXX	周某	5XXXXXXX	九和路16号	张某	13XXXXXXXXX
11200000003000207442	XX公司	XX220千伏世纪输变电工程		210	220kV导线耐张通用,2MZ11Y-4000-10P(H)Z	12.000	2016-05-25	2016-05-26	俞某	13XXXXXXXXX	周某	5XXXXXXX	九和路16号	张某	13XXXXXXXXX
11200000003000207443	XX公司	XX220千伏世纪输变电工程		200	220kV导线悬垂通用,2XZ21S-4040-12P(H)-1C铝	12.000	2016-05-26	2016-05-26	俞某	13XXXXXXXXX	周某	5XXXXXXX	九和路16号	张某	13XXXXXXXXX
11200000003000207445	XX公司	XX220千伏世纪输变电工程		180	接续金具-补修管,JX-400/35	55.000	2016-05-25	2016-05-26	俞某	13XXXXXXXXX	周某	5XXXXXXX	九和路16号	张某	13XXXXXXXXX
11200000003000207446	XX公司	XX220千伏世纪输变电工程		170	220kV导线耐张通用,2MZ11Y-4000-10P(H)Z	12.000	2016-05-25	2016-05-26	俞某	13XXXXXXXXX	周某	5XXXXXXX	九和路16号	张某	13XXXXXXXXX
11200000003000207447	XX公司	XX220千伏世纪输变电工程		160	保护金具-间隔棒,FJZ-240/27	120.000	2016-05-25	2016-05-27	俞某	13XXXXXXXXX	周某	5XXXXXXX	九和路16号	张某	13XXXXXXXXX
11200000003000207440	XX公司	XX220千伏世纪输变电工程		230	地线耐张通用,BN3Y-BG40-1207PZ	1.000	2016-05-25	2016-05-26	俞某	13XXXXXXXXX	周某	5XXXXXXX	九和路16号	张某	13XXXXXXXXX
11200000003000207444	XX公司	XX220千伏世纪输变电工程		190	地线耐张通用,BN3Y-BG40-1207PZ	1.000	2016-05-25	2016-05-26	俞某	13XXXXXXXXX	周某	5XXXXXXX	九和路16号	张某	13XXXXXXXXX
11200000003000207448	XX公司	XX220千伏世纪输变电工程		150	220kV导线悬垂通用,2VZ11-4000-12P(H)铝	6.000	2016-05-25	2016-05-26	俞某	13XXXXXXXXX	周某	5XXXXXXX	九和路16号	张某	13XXXXXXXXX
11200000003000207476	XX公司	XX220千伏世纪输变电工程		110	220kV导线耐张通用,2NZ21Y-4040-12P(H)Z	229.000	2016-05-19	2016-05-27	俞某	13XXXXXXXXX	周某	5XXXXXXX	九和路16号	张某	13XXXXXXXXX
11200000003000207480	XX公司	XX220千伏世纪输变电工程		70	220kV导线悬垂通用,2VP11-4000-12P(H)铝	6.000	2016-05-17	2016-05-27	俞某	13XXXXXXXXX	周某	5XXXXXXX	九和路16号	张某	13XXXXXXXXX
11200000003000207484	XX公司	XX220千伏世纪输变电工程		30	220kV导线耐张通用,2NZ21Y-4040-12P(H)Z	97.000	2016-05-12	2016-05-27	俞某	13XXXXXXXXX	周某	5XXXXXXX	九和路16号	张某	13XXXXXXXXX
11200000003000205914	XX公司	XX220千伏世纪输变电工程	4500582355	10	OPGW光缆,48芯,G.652,120/96/131,铝包钢	12.400	2016-04-15	2016-04-16	蒋某	18XXXXXXXXX	周某	5XXXXXXX	九和路16号	周某	13XXXXXXXXX
11200000003000212529	XX公司	XX220千伏世纪输变电工程	4500582356	10	交流棒形悬式复合绝缘子,FXBW-220/120-2,2350,6340	23.000	2016-05-20	2016-05-25	樊某	13XXXXXXXXX	周某	5XXXXXXX	九和路16号	张某	18XXXXXXXXX
11200000003000205928	XX公司	XX220千伏世纪输变电工程	4500583202	10	接地电缆,AC10kV,YJV,300,1,ZC	925.000	2016-03-30	2016-03-3	秦某	13XXXXXXXXX	周某	5XXXXXXX	九和路16号	秦某	13XXXXXXXXX
11200000003000205929	XX公司	XX220千伏世纪输变电工程		20	220kV电缆终端,1×2500,GIS终端,预制,铜	3.000	2016-03-30	2016-03-3	秦某	13XXXXXXXXX	周某	5XXXXXXX	九和路16号	秦某	13XXXXXXXXX
11200000003000205941	XX公司	XX220千伏世纪输变电工程		40	220kV电缆中间接头,1×2500,绝缘接头,铜	36.000	2016-03-30	2016-03-3	秦某	13XXXXXXXXX	周某	5XXXXXXX	九和路16号	秦某	13XXXXXXXXX
11200000003000205942	XX公司	XX220千伏世纪输变电工程		50	电缆接地箱,三线直接接地	13.000	2016-03-30	2016-03-3	秦某	13XXXXXXXXX	周某	5XXXXXXX	九和路16号	秦某	13XXXXXXXXX
11200000003000205943	XX公司	XX220千伏世纪输变电工程		60	电力电缆,AC220kV,YJLW,2500,1,03,ZC,Z	18.700	2016-02-20	2016-03-3	秦某	13XXXXXXXXX	周某	5XXXXXXX	九和路16号	秦某	13XXXXXXXXX
11200000003000205930	XX公司	XX220千伏世纪输变电工程		30	电缆接地箱,带护层保护器	13.000	2016-03-30	2016-03-3	秦某	13XXXXXXXXX	周某	5XXXXXXX	九和路16号	秦某	13XXXXXXXXX
11200000003000205944	XX公司	XX220千伏世纪输变电工程		70	220kV电缆终端,1×2500,户外终端,复合套管,铜	3.000	2016-03-30	2016-03-3	秦某	13XXXXXXXXX	周某	5XXXXXXX	九和路16号	秦某	13XXXXXXXXX
11200000003000196015	XX公司	XX220千伏世纪输变电工程	4500583246	130	电力电缆,AC220kV,YJLW,2500,1,03,ZC,Z	18.700	2016-03-15	2016-03-18	张某	13XXXXXXXXX	周某	5XXXXXXX	九和路16号	张某	18XXXXXXXXX

图 4-19 物资发货通知查询

对于变压器、电抗器、组合电器等大件设备，合同履约人员根据物资交货期督促供应商制定大件设备运输工作计划，组织项目管理部门、运输专家一同审查供应商提交的运输计划。系统应用如图 4-20 所示。

图 4-20 运输信息查询

5. 物资交接与验收

合同履约人员根据发货通知，跟踪物资发运情况，提前做好接货准备。A 公司根据发货通知，将物资配送到指定地点。合同履约人员清点物资数量，检查外观有无残损，与 A 公司一同签署货物交接单，同时在 ERP MM 中记录交接方式、交接数量、实际交货日期、实际交货地点等信息。系统应用如图 4-21 所示。

图 4-21 货物交接单查询

对需要开箱验收的物资，由物资管理部门组织项目管理部门、监理、施工等单位和供应商对货物型号、规格、数量、技术参数进行核对，五方签字后完成物资到货验收。系统应用如图 4-22 所示。

电网企业在合同履行过程中建立"一单一评价"的履约评价机制，针对每个订单开展评价。物资到货验收后，合同履约人员组织项目管理部门对到货验收过程进行评价，主要从收货检验、文件资料、备品备件、发票送达等维度进行评价。系统应用如图 4-23 所示。

到货验收单查询

打印到货验收单

采购订单号	采购订单行项目	需求单位	项目名称	物料描述	供应商	实际到货数量	实际交货期	物资供应公司...	物资供应公...	项目单位接收人...	项目单位接收人...	供应商交付人...	供应商交付人...	监理单位人...	监理单位人...	施工单位人...	施工单位人...
4500583246	130	XX公司	XX220千伏世纪输变电工程	电力电缆,AC220kV,YJLW,2500,1,03,Z	XX公司	18.700	2016-03-22	卢某	2016-03-22	应某	2016-03-22	张某	2016-03-22	徐某	2016-03-22	王某	2016-03-22
4500583246	120	XX公司	XX220千伏世纪输变电工程	电缆接地箱,三线直接接地	XX公司	2.000	2016-03-22	卢某	2016-03-22	应某	2016-03-22	张某	2016-03-22	徐某	2016-03-22	王某	2016-03-22
4500583246	110	XX公司	XX220千伏世纪输变电工程	电力电缆,AC220kV,YJLW,2500,1,03,Z	XX公司	2.880	2016-03-22	卢某	2016-03-22	应某	2016-03-22	张某	2016-03-22	徐某	2016-03-22	王某	2016-03-22
4500583246	100	XX公司	XX220千伏世纪输变电工程	220kV电缆中间接头,1×2500,绝缘接头,	XX公司	36.000	2016-03-22	卢某	2016-03-22	应某	2016-03-22	张某	2016-03-22	徐某	2016-03-22	王某	2016-03-22
4500583246	90	XX公司	XX220千伏世纪输变电工程	电缆接地箱,三线直接接地	XX公司	13.000	2016-03-22	卢某	2016-03-22	应某	2016-03-22	张某	2016-03-22	徐某	2016-03-22	王某	2016-03-22
4500583246	80	XX公司	XX220千伏世纪输变电工程	接地电缆,AC10kV,YJV,300,1,ZC	XX公司	925.000	2016-03-22	卢某	2016-03-22	应某	2016-03-22	张某	2016-03-22	徐某	2016-03-22	王某	2016-03-22
4500583246	70	XX公司	XX220千伏世纪输变电工程	220kV电缆终端,1×2500,GIS终端,预制,	XX公司	6.000	2016-03-22	卢某	2016-03-22	应某	2016-03-22	张某	2016-03-22	徐某	2016-03-22	王某	2016-03-22
4500583246	60	XX公司	XX220千伏世纪输变电工程	电缆接地箱,带护层保护器	XX公司	13.000	2016-03-22	卢某	2016-03-22	应某	2016-03-22	张某	2016-03-22	徐某	2016-03-22	王某	2016-03-22
4500583246	50	XX公司	XX220千伏世纪输变电工程	220kV电缆终端,1×2500,GIS终端,预制,	XX公司	3.000	2016-03-22	卢某	2016-03-22	应某	2016-03-22	张某	2016-03-22	徐某	2016-03-22	王某	2016-03-22
4500583246	40	XX公司	XX220千伏世纪输变电工程	接地电缆,AC10kV,YJV,300,1,ZC	XX公司	120.000	2016-03-22	卢某	2016-03-22	应某	2016-03-22	张某	2016-03-22	徐某	2016-03-22	王某	2016-03-22
4500583246	30	XX公司	XX220千伏世纪输变电工程	电缆接地箱,带护层保护器	XX公司	2.000	2016-03-22	卢某	2016-03-22	应某	2016-03-22	张某	2016-03-22	徐某	2016-03-22	王某	2016-03-22
4500583246	20	XX公司	XX220千伏世纪输变电工程	220kV电缆终端,1×2500,户外终端,复合	XX公司	6.000	2016-03-22	卢某	2016-03-22	应某	2016-03-22	张某	2016-03-22	徐某	2016-03-22	王某	2016-03-22
4500583246	10	XX公司	XX220千伏世纪输变电工程	220kV电缆终端,1×2500,户外终端,复合	XX公司	3.000	2016-03-22	卢某	2016-03-22	应某	2016-03-22	张某	2016-03-22	徐某	2016-03-22	王某	2016-03-22
4500582355	10	XX公司	XX220千伏世纪输变电工程	OPGW光缆,48芯,G.652,120/96/101,	XX公司	12.400	2016-04-26	陆某	2016-04-26	黄某	2016-04-26	蒋某	2016-04-26	徐某	2016-04-26	王某	2016-04-26
4500583202	10	XX公司	XX220千伏世纪输变电工程	接地电缆,AC10kV,YJV,300,1,ZC	XX公司	925.000	2016-04-26	陆某	2016-04-26	陈某	2016-04-26	秦某	2016-04-26	徐某	2016-04-26	王某	2016-04-26
4500583202	20	XX公司	XX220千伏世纪输变电工程	220kV电缆终端,1×2500,GIS终端,预制,	XX公司	3.000	2016-04-26	陆某	2016-04-26	陈某	2016-04-26	秦某	2016-04-26	徐某	2016-04-26	王某	2016-04-26
4500583202	30	XX公司	XX220千伏世纪输变电工程	电缆接地箱,带护层保护器	XX公司	13.000	2016-04-26	陆某	2016-04-26	陈某	2016-04-26	秦某	2016-04-26	徐某	2016-04-26	王某	2016-04-26
4500583202	40	XX公司	XX220千伏世纪输变电工程	220kV电缆中间接头,1×2500,绝缘接头,	XX公司	36.000	2016-04-26	陆某	2016-04-26	陈某	2016-04-26	秦某	2016-04-26	徐某	2016-04-26	王某	2016-04-26
4500583202	50	XX公司	XX220千伏世纪输变电工程	电缆接地箱,三线直接接地	XX公司	13.000	2016-04-26	陆某	2016-04-26	陈某	2016-04-26	秦某	2016-04-26	徐某	2016-04-26	王某	2016-04-26
4500583202	60	XX公司	XX220千伏世纪输变电工程	电力电缆,AC220kV,YJLW,2500,1,03,Z	XX公司	18.700	2016-04-26	陆某	2016-04-26	陈某	2016-04-26	秦某	2016-04-26	徐某	2016-04-26	王某	2016-04-26
4500583202	70	XX公司	XX220千伏世纪输变电工程	220kV电缆终端,1×2500,户外终端,复合	XX公司	3.000	2016-04-26	陆某	2016-04-26	陈某	2016-04-26	秦某	2016-04-26	徐某	2016-04-26	王某	2016-04-26
4500582341	260	XX公司	XX220千伏世纪输变电工程	接续金具-补修管,JX-400/35	XX公司	25.000	2016-05-26	陆某	2016-05-26	黄某	2016-05-26	俞某	2016-05-26	徐某	2016-05-26	王某	2016-05-26
4500582341	250	XX公司	XX220千伏世纪输变电工程	地线耐张通用,BN2Y-BG-10	XX公司	25.000	2016-05-26	陆某	2016-05-26	黄某	2016-05-26	俞某	2016-05-26	徐某	2016-05-26	王某	2016-05-26
4500582341	240	XX公司	XX220千伏世纪输变电工程	接续金具-钢芯铜铝绞线接续管,JYD-400	XX公司	90.000	2016-05-26	陆某	2016-05-26	黄某	2016-05-26	俞某	2016-05-26	徐某	2016-05-26	王某	2016-05-26
4500582341	230	XX公司	XX220千伏世纪输变电工程	地线耐张通用,BN3Y-BG40-1207PZ	XX公司	1.000	2016-05-26	陆某	2016-05-26	黄某	2016-05-26	俞某	2016-05-26	徐某	2016-05-26	王某	2016-05-26
4500582341	220	XX公司	XX220千伏世纪输变电工程	地线悬垂通用,BX3S-BG40-1607P	XX公司	7.000	2016-05-26	陆某	2016-05-26	黄某	2016-05-26	俞某	2016-05-26	徐某	2016-05-26	王某	2016-05-26
4500582341	210	XX公司	XX220千伏世纪输变电工程	220kV导线耐张通用,2MZ11Y-4000-10	XX公司	12.000	2016-05-26	陆某	2016-05-26	黄某	2016-05-26	俞某	2016-05-26	徐某	2016-05-26	王某	2016-05-26
4500582341	200	XX公司	XX220千伏世纪输变电工程	220kV导线悬垂通用,2XZ21S-4040-12P	XX公司	12.000	2016-05-26	陆某	2016-05-26	黄某	2016-05-26	俞某	2016-05-26	徐某	2016-05-26	王某	2016-05-26
4500582341	190	XX公司	XX220千伏世纪输变电工程	地线耐张通用,BN3Y-BG40-1207PZ	XX公司	1.000	2016-05-26	陆某	2016-05-26	黄某	2016-05-26	俞某	2016-05-26	徐某	2016-05-26	王某	2016-05-26
4500582341	180	XX公司	XX220千伏世纪输变电工程	接续金具-补修管,JX-400/35	XX公司	65.000	2016-05-26	陆某	2016-05-26	黄某	2016-05-26	俞某	2016-05-26	徐某	2016-05-26	王某	2016-05-26
4500582341	170	XX公司	XX220千伏世纪输变电工程	220kV导线耐张通用,2MZ11Y-4000-10	XX公司	12.000	2016-05-26	陆某	2016-05-26	黄某	2016-05-26	俞某	2016-05-26	徐某	2016-05-26	王某	2016-05-26
4500582341	160	XX公司	XX220千伏世纪输变电工程	保护金具-间隔棒,FJZ-240/27	XX公司	120.000	2016-05-26	陆某	2016-05-26	黄某	2016-05-26	俞某	2016-05-26	徐某	2016-05-26	王某	2016-05-26
4500582341	150	XX公司	XX220千伏世纪输变电工程	220kV导线悬垂通用,2VZ11-4000-12P(	XX公司	6.000	2016-05-26	陆某	2016-05-26	黄某	2016-05-26	俞某	2016-05-26	徐某	2016-05-26	王某	2016-05-26
4500582341	270	XX公司	XX220千伏世纪输变电工程	地线悬垂通用,BX3S-BG40-1607P	XX公司	4.000	2016-05-26	陆某	2016-05-26	黄某	2016-05-26	俞某	2016-05-26	徐某	2016-05-26	王某	2016-05-26
4500582341	20	XX公司	XX220千伏世纪输变电工程	接续金具-地线接续管,JY-120BG-35	XX公司	25.000	2016-05-26	陆某	2016-05-26	黄某	2016-05-26	俞某	2016-05-26	徐某	2016-05-26	王某	2016-05-26
4500582341	10	XX公司	XX220千伏世纪输变电工程	220kV导线跳线通用,2TP-20-10H(P)Z	XX公司	150.000	2016-05-26	陆某	2016-05-26	黄某	2016-05-26	俞某	2016-05-26	徐某	2016-05-26	王某	2016-05-26

图 4-22　到货验收单查询

到货验收评价查询

采购订单号	评价类型	合同号	供应商	公司代码	采购组织	收货检验合格情况	文件资料、备品备件齐备情况	供应商按期交货情况	交接单/到货验收单/发票送达及时情况	合同履约模块信息填报情况	评价日期
4500582341	0	ZJ2015009911	0000000304	1101	JZ01	DH0101:无任何问题、验收顺利	DH0201:齐备、及时、规范	DH0301:按计划交货	DH0401:及时	DH0501:及时、准确填报	2016-05-26
4500582355	0	ZJ2015009914	0000001495	1101	JZ01	DH0101:无任何问题、验收顺利	DH0201:齐备、及时、规范	DH0301:按计划交货	DH0401:及时	DH0501:及时、准确填报	2016-04-26
4500582356	0	ZJ2015009915	0000001291	1101	JZ01	DH0101:无任何问题、验收顺利	DH0201:齐备、及时、规范	DH0301:按计划交货	DH0401:及时	DH0501:及时、准确填报	2016-05-25
4500583202	0	ZJ2015010287	0000005965	1101	JZ01	DH0101:无任何问题、验收顺利	DH0201:齐备、及时、规范	DH0301:按计划交货	DH0401:及时	DH0501:及时、准确填报	2016-04-26
4500583246	0	ZJ2015010288	0000001263	1101	JZ01	DH0101:无任何问题、验收顺利	DH0201:齐备、及时、规范	DH0301:按计划交货	DH0401:及时	DH0501:及时、准确填报	2016-03-22

图 4-23　到货验收评价查询

6. 物资投运与投运评价

项目管理部门根据项目进度领用物资，在现场完成安装、调试、性能试验等工作后投入运行。项目管理部门根据物资实际投运情况，在 ERP MM 中维护投运单，记录物资投运日期、投运数量等信息。系统应用如图 4-24 所示。

投运单查询

投运单号	投运单行号	创建日期	物料号	物料描述	投运数量	投运日期
4500583246T001	1	2016-06-13	500037130	220kV电缆终端,1×2500,户外终端,复合套管,铜	3.000	2016-05-07
4500583246T001	2	2016-06-13	500037130	220kV电缆终端,1×2500,户外终端,复合套管,铜	6.000	2016-05-07
4500583246T001	3	2016-06-13	500021468	电缆接地箱,带护层保护器	2.000	2016-05-07
4500583246T001	4	2016-06-13	500125130	接地电缆,AC10kV,YJV,300,1,ZC	120.000	2016-05-07
4500583246T001	5	2016-06-13	500037119	220kV电缆终端,1×2500,GIS终端,预制,铜	3.000	2016-05-07
4500583246T001	6	2016-06-13	500021468	电缆接地箱,带护层保护器	13.000	2016-05-07
4500583246T001	7	2016-06-13	500037119	220kV电缆终端,1×2500,GIS终端,预制,铜	6.000	2016-05-07
4500583246T001	8	2016-06-13	500125130	接地电缆,AC10kV,YJV,300,1,ZC	925.000	2016-05-07
4500583246T001	9	2016-06-13	500021470	电缆接地箱,三线直接接地	13.000	2016-05-07
4500583246T001	10	2016-06-13	500037052	220kV电缆中间接头,1×2500,绝缘接头,铜	36.000	2016-05-07
4500583246T001	11	2016-06-13	500115501	电力电缆,AC220kV,YJLW,2500,1,03,ZC,Z	2.880	2016-05-07
4500583246T001	12	2016-06-13	500021470	电缆接地箱,三线直接接地	2.000	2016-05-07
4500583246T001	13	2016-06-13	500115501	电力电缆,AC220kV,YJLW,2500,1,03,ZC,Z	18.700	2016-05-07
4500583202T001	1	2016-09-20	500125130	接地电缆,AC10kV,YJV,300,1,ZC	925.000	2016-05-22
4500583202T001	2	2016-09-20	500037119	220kV电缆终端,1×2500,GIS终端,预制,铜	3.000	2016-05-22
4500583202T001	3	2016-09-20	500021468	电缆接地箱,带护层保护器	13.000	2016-05-22
4500583202T001	4	2016-09-20	500037052	220kV电缆中间接头,1×2500,绝缘接头,铜	36.000	2016-05-22
4500583202T001	5	2016-09-20	500021470	电缆接地箱,三线直接接地	13.000	2016-05-22
4500583202T001	6	2016-09-20	500115501	电力电缆,AC220kV,YJLW,2500,1,03,ZC,Z	18.700	2016-05-22
4500583202T001	7	2016-09-20	500037130	220kV电缆终端,1×2500,户外终端,复合套管,铜	3.000	2016-05-22

图 4-24　投运单查询

物资投运后，合同履约人员组织项目管理部门对供应商现场服务情况进行评价，主要从供应商现场服务、技术、质量等维度进行评价。系统应用如图 4-25 所示。

投运评价查询

采购订单号	评价类型	合同号	供应商	安装调试期间供应商现场服务	安装、调试、投运期间质量合格情况	评价日期
4500583246	1	ZJ2016005537	XX公司	TY0101:很好	TY0201:无任何质量问题	2016-10-10
4500583202	1	ZJ2016005538	XX公司	TY0101:很好	TY0201:无任何质量问题	2016-10-10
4500634666	1	ZJ2016005540	XX公司	TY0101:很好	TY0201:无任何质量问题	2016-10-10
4500634668	1	ZJ2016005541	XX公司	TY0101:很好	TY0201:无任何质量问题	2016-10-10
4500634669	1	ZJ2016005542	XX公司	TY0101:很好	TY0201:无任何质量问题	2016-10-10
4500634671	1	ZJ2016005543	XX公司	TY0101:很好	TY0201:无任何质量问题	2016-10-10
4500634673	1	ZJ2016005544	XX公司	TY0101:很好	TY0201:无任何质量问题	2016-10-10

图 4-25 投运评价查询

7. 物资质保管理与质保评价

物资投运后开始计算质保期，当到达合同约定的物资质保期后，运行管理部门根据物资使用情况出具物资质保单。若由于设备维修原因需要调整质保期，合同履约人员可根据合同条款规定与供应商重新约定，待新质保期到期之后再出具质保单。系统应用如图 4-26 所示。

质保单查询

全选　取消全选　打印

质保单编号	质保单行号	采购订单号	采购订单行号	物料编码	物料描述	质保到期
1140000000002371	10	4500567824	20	500031959	110kV电缆终端,1×1600,GIS终端,预制,铜	2017-11-22
1140000000002345	10	4500583202	30	500021468	电缆接地箱,带护层保护器	2017-11-22
1140000000002267	10	4500583246	90	500021470	电缆接地箱,三线直接接地	2017-11-22
1140000000002308	10	4500583247	10	500031884	110kV电缆终端,1×1600,户外终端,复合套管,铜	2017-11-22
1140000000002309	10	4500567825	10	500021029	35kV电缆终端,3×185,户外终端,冷缩,铜	2017-11-22

图 4-26 质保单查询

运行管理部门在出具质保单的同时对物资运行情况进行评价。系统应用如图 4-27 所示。

质保评价查询

采购订单号	提交状态	供应商	公司代码	物料描述	运行情况	评价日期
4500567824	2	XX公司	1101	110kV电缆终端,1×1600	A	2017-11-24
4500583202	2	XX公司	1101	电缆接地箱,带护层保护	A	2017-11-24
4500583246	2	XX公司	1101	电缆接地箱,三线直接接	A	2017-11-24
4500583247	2	XX公司	1101	110kV电缆终端,1×1600	A	2017-11-24
4500567825	2	XX公司	1101	35kV电缆终端,3×185,	A	2017-11-24

图 4-27 质保评价查询

【应用案例 4-4】 协议库存采购物资合同履行应用

为推进小城镇环境综合整治，某电网企业积极与政府部门对接，申报了一个配网改造项目。根据项目进度安排，需求部门申报 10kV 变压器、低压电力电缆等物资需求，物资管理部门审核物资需求后进行平衡利库，对剩余还需要采购的配网物资开展协议库存匹配。C 公司是一家已与某电网企业签订协议库存采购协议的供应商，C 公司根据协议库存匹配结果组织生产交货。物资到货后，物资管理部门组织对配网物资进行交接与验收。

1. 协议库存采购物资需求批次下达

针对配网类协议库存采购物资，供货分散但时效要求高，物资管理部门可以在 ERP MM 中按月下达需求批次。系统应用如图 4-28 所示。

	需求批次号	需求批次名称	填报开始日期	填报结束日期	上报截止日期	是否启用	年度	月份	是否为紧急批次
	201612	2016年12月协议库存采购物资供应	2016-11-18	2016-12-13	2016-12-13	启用	2016	12	否
	201611	2016年11月协议库存采购物资供应	2016-10-19	2016-11-13	2016-11-13	启用	2016	11	否
	201610	2016年10月协议库存采购物资供应	2016-09-18	2016-10-17	2016-10-17	启用	2016	10	否
	201608-09	2016年8-9月协议库存采购物资供应	2016-07-19	2016-08-08	2016-08-08	启用	2016	08	否
	201607	2016年7月协议库存采购物资供应	2016-06-27	2016-07-13	2016-07-13	启用	2016	07	否
	201606	2016年6月协议库存采购物资供应	2016-05-25	2016-06-13	2016-06-13	启用	2016	06	否
	201605	2016年5月协议库存采购物资供应	2016-04-27	2016-05-17	2016-05-17	启用	2016	05	否
	201604	2016年4月协议库存采购物资供应	2016-03-28	2016-04-16	2016-04-16	启用	2016	04	否
	201603	2016年2-3月协议库存采购物资供应	2016-01-28	2016-03-13	2016-03-13	启用	2016	02	否
	201601	2016年1月协议库存采购物资供应	2015-12-30	2016-01-13	2016-01-13	启用	2016	01	是

图 4-28　协议库存物资需求批次查询

2. 协议库存采购需求计划提报

需求部门根据配网项目进度情况，每月提报下月的协议库存采购物资需求计划，维护物料编码、物料描述、需求日期、需求数量、计量单位等信息。系统应用如图 4-29 所示。

	状态	物料编号	物料描述	技术规范书	规格	计量单位	需求数量	需求日期
	已汇总	500133978	集束绝缘导线, ACO. 4kV, BS3-JKLYJ, 1	9906-500134027-00004		千米	6.86	2016-10-06
	已汇总	500134022	集束绝缘导线, ACO. 4kV, BS1-JKLYJ, 3	9906-500134027-00004		千米	2.4	2016-10-06
	已汇总	500107869	电力电缆, AC10kV, YJV, 300, 3, 22, ZC,	9906-500030091-00003		千米	0.2	2016-10-10
	已汇总	500108651	电力电缆, AC10kV, YJV, 150, 3, 22, ZC,	9906-500030091-00003		千米	0.07	2016-10-10
	已汇总	500127053	低压电力电缆, YJV, 铜, 95, 4芯, ZC, 无	9906-500108894-00001		千米	1	2016-10-10
	已汇总	500109087	低压电力电缆, YJV, 铜, 120, 4芯, ZC, 2	9906-500108894-00001		千米	1.085	2016-10-10
	已汇总	500127054	低压电力电缆, YJV, 铜, 16, 4芯, ZC, 无	9906-500108894-00001		千米	0.69	2016-10-10
	已汇总	500127057	低压电力电缆, YJV, 铜, 150, 4芯, ZC, 无	9906-500108894-00001		千米	0.261	2016-10-10

图 4-29　协议库存采购需求计划提报

3. 需求计划汇总及审核

物资管理部门汇总各个需求部门提报的协议库存采购物资需求计划，审核物料编码、需求日期、需求数量等信息，经过平衡利库后形成采购计划。系统应用如图 4-30 所示。

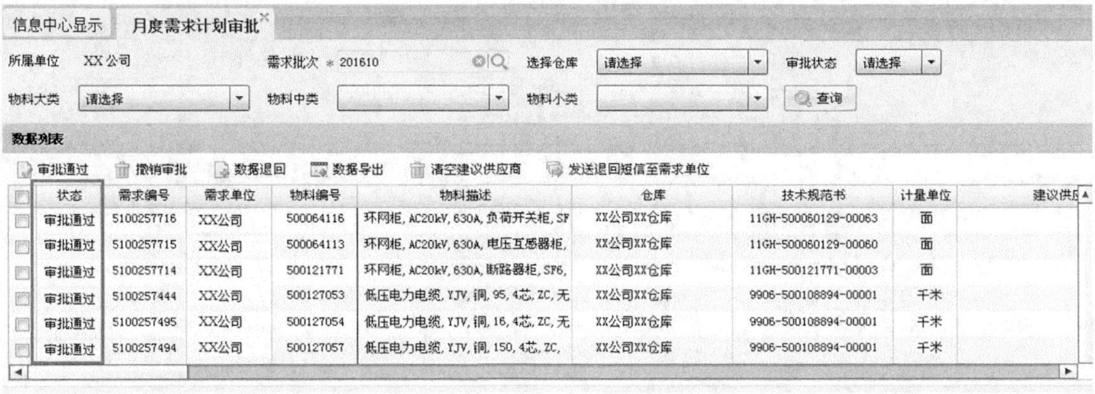

图 4-30　协议库存采购需求计划审核

4. 供应商匹配

物资管理部门在 ERP MM 中固化协议库存采购合同分配逻辑，自动将每一条需求计划匹配到相应的协议库存采购合同。分配逻辑根据物料特点遵守"公平优先原则""区域最近原则"和"集中供应原则"，以当前履行率最低的协议优先分配为基础，判断运输距离，考虑同一需求单位同类物资尽量集中由同一家供应商供应等情况，以得到相对合理的匹配结果。匹配结果审批通过后可以通过短信方式向供应商发出通知。系统应用如图 4-31 所示。

图 4-31　协议库存采购需求计划匹配供应商

5. 匹配结果确认

供应商在 ERP MM 中对协议库存匹配结果进行确认。如果因为产能不足、成本上涨无法供货等原因，可以不同意匹配结果，此时物资管理部门需要对匹配结果进行手工调整，并经供应商再次进行确认。系统应用如图 4-32 所示。

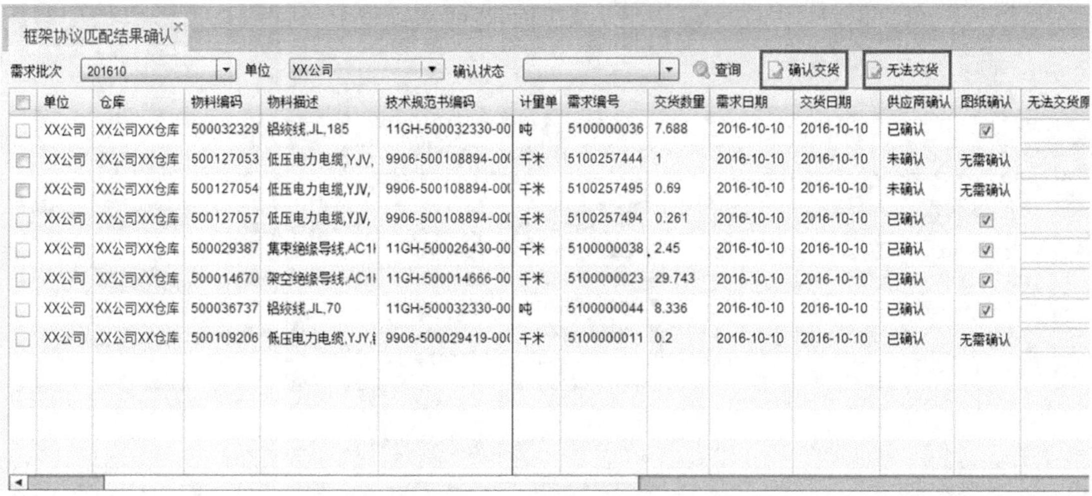

图 4-32　供应商确认协议库存采购需求计划匹配结果

6. 采购申请与采购订单创建

供应商确认后，ERP MM 自动根据匹配结果创建带有协议库存采购合同信息的物资采购申请与对应的物资采购订单，作为后续物资交货的依据。系统应用如图 4-33、图 4-34 所示。

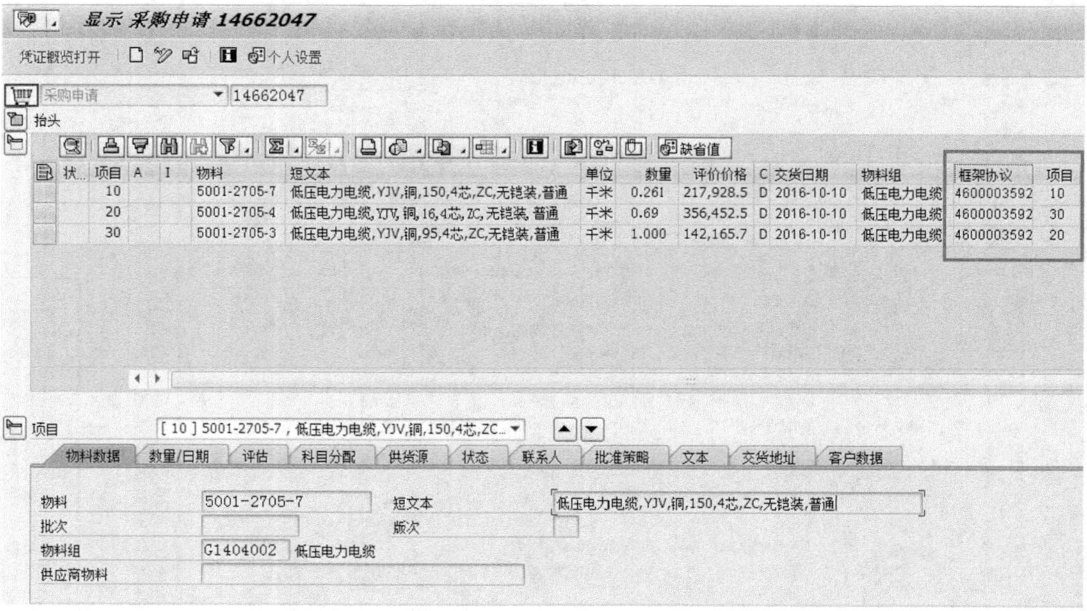

图 4-33　带有协议库存采购合同信息的物资采购申请

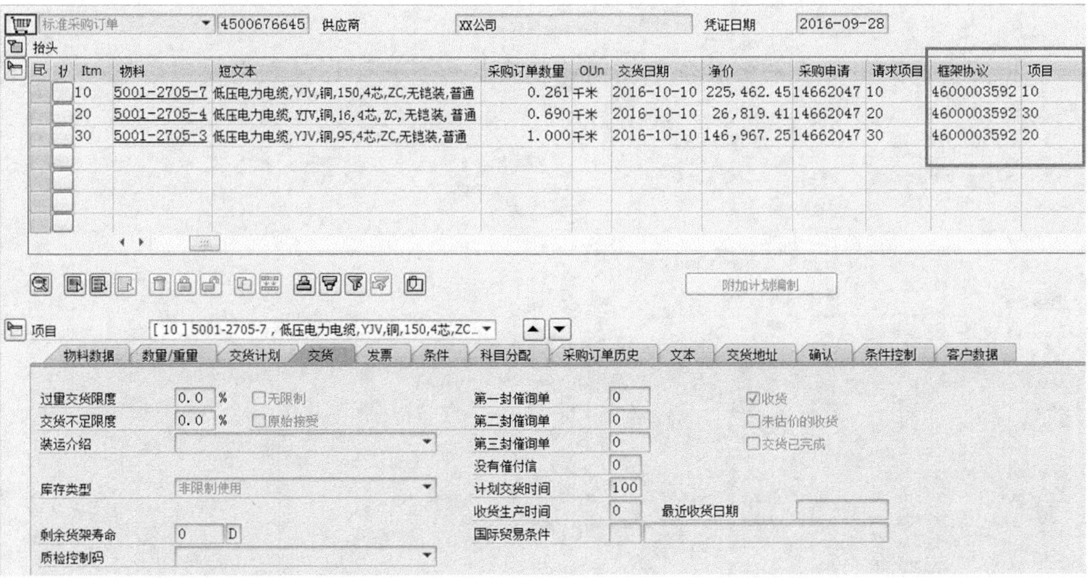

图 4-34 带有协议库存采购合同信息的物资采购订单

7. 物资发货通知

物资管理部门根据需求部门的实际交货需求情况，发送通知告知供应商准备发货。系统应用如图 4-35 所示。

图 4-35 物资发货通知查询

8. 物资交付与验收

物资实际到货后，物资管理部门组织物资收货交接工作，登记收货数量、收货日期等信息。系统应用如图 4-36 所示。

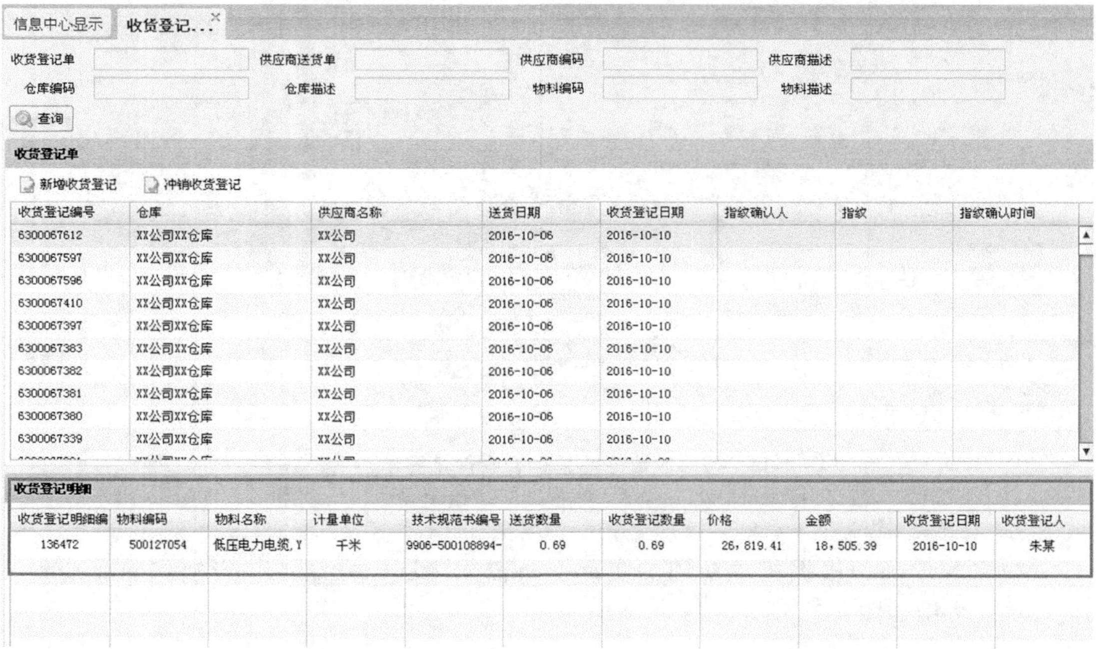

图 4-36　物资收货登记

9. 协议库存执行情况查询

物资管理部门可通过查看协议库存执行情况报表，及时掌握各个协议库存采购协议的合同履行情况。系统应用如图 4-37 所示。

【应用案例 4-5】　超市化采购物资合同履行应用

某电网企业需求部门根据项目进度要求，自助下单采购安全工具柜、手套、验电器等项目零星物资，物资管理部门审核后将超市化采购需求发送给 B 公司。B 公司是一家前期已与某电网企业签订协议的集货商，B 公司根据超市化采购需求完成物资配送。

1. 超市化采购物资需求计划提报

按照"实时请购，定期配送"的原则，需求部门人员在 ERP MM 中通过关键字搜索、分类等方式查找所需超市化采购物料。系统应用如图 4-38 所示。

选中所需物料后，维护数量、收货地址等信息，下单后 ERP MM 自动生成物资请购单。系统应用如图 4-39 所示。

2. 物资需求计划审核

物资管理部门对需求部门提交的物资请购单进行审核，审核通过后 ERP MM 自动创建超市化采购订单，并将订单信息发送给 B 公司进行配送确认。系统应用如图 4-40、图 4-41 所示。

信息中心显示 | 框架协议执行情况 ×

批次号	ZJ1602	批次名称	2016年第X批配网材料协议库存招标采购	物料分类	请选择	物料组编号	
框架协议编号		物料编码		物料描述	低压电力电缆	供应商编码	
供应商描述							

框架协议数据列表

🔍 查询   📄 导出

序号	物料编码	物料描述	供应商名称	物料分类	物料组编号	物料组描述	计量单位	框架协议数	匹配数量	匹配执行率(数量)	技术规范书ID
31	500127053	低压电力电缆,YJV,铜,95,4芯,ZC,无	XX公司	电缆	G1404002	低压电力电缆	千米	16.97	14.046	0.8277	9906-500108894-0
32	500127054	低压电力电缆,YJV,铜,16,4芯,ZC,无	XX公司	电缆	G1404002	低压电力电缆	千米	9.22	9.331	1.012	9906-500108894-0
33	500127055	低压电力电缆,YJV,铜,35,4芯,ZC,无	XX公司	电缆	G1404002	低压电力电缆	千米	13.7	8.963	0.6542	9906-500108894-0
34	500127056	低压电力电缆,YJV,铜,240,4芯,ZC,:	XX公司	电缆	G1404002	低压电力电缆	千米	8.74	6.469	0.7402	9906-500108894-0
35	500127057	低压电力电缆,YJV,铜,150,4芯,ZC,:	XX公司	电缆	G1404002	低压电力电缆	千米	34.98	32.887	0.9402	9906-500108894-0
36	500132737	低压电力电缆,YJV,铜,16,2芯,ZC,无	XX公司	电缆	G1404002	低压电力电缆	千米	23.63	20	0.8464	9906-500108894-0

拆分匹配明细列表 | 寄售匹配明细列表

共计记录数 8 条

序号	匹配编号	需求编号	物料编码	物料描述	技术规范书ID	计量单位	供应商编码	供应商名称	需求数量	匹配备注
1	6100199481	5100212006	500127053	低压电力电缆,YJ	9906-500108894-0	千米	105	XX公司	0.432	匹配原则3(同一项目同一供应商原则)
2	6100210406	5100222259	500127053	低压电力电缆,YJ	9906-500108894-0	千米	105	XX公司	1.508	匹配规则1(公平优先原则)
3	6100241009	5100257444	500127053	低压电力电缆,YJ	9906-500108894-0	千米	105	XX公司	1	匹配规则1(公平优先原则)
4	6100210370	5100222486	500127053	低压电力电缆,YJ	9906-500108894-0	千米	105	XX公司	1	匹配原则3(同一项目同一供应商原则)
5	6100210393	5100222832	500127053	低压电力电缆,YJ	9906-500108894-0	千米	105	XX公司	4.037	匹配规则1(公平优先原则)
6	6100214395	5100224414	500127053	低压电力电缆,YJ	9906-500108894-0	千米	105	XX公司	0.353	匹配原则3(同一项目同一供应商原则)
7	6100223881	5100234178	500127053	低压电力电缆,YJ	9906-500108894-0	千米	105	XX公司	0.716	匹配规则1(公平优先原则)
8	6100218027	5100220424	500127053	低压电力电缆,YJ	9906-500108894-0	千米	105	XX公司	2	匹配规则1(公平优先原则)

图 4-37　协议库存执行情况查询报表

收藏本站 **个人商城** 企业商城 | Hi,欢迎光临商城! | ZO21 [退出] | 收藏夹 | 客服中心

商品 ▾ | 安全工器具 | 搜索 | 👤 采购中心 | 🛒 我的进货单 ⁰

热门搜索:安全工具柜 华威工具柜 常州科车工具柜 华威安全工具柜

全部商品分类 | 首页 | 一级专区

相关类目

销售排行榜

安全工器具 商品筛选 | 共154件商品 | 收起筛选 ∧

品类:	安全绳	登杆器具	安全帽	安全工具柜	电脑钥匙	电脑钥匙管理机	警示带	更多 ∨	+多选
店铺:	上海永携电气技…	杭州方扩科技有…	宁波新胜中压电…	西安鑫烁电力科…	左易电力设备有…			更多 ∨	+多选
品牌:	左易	长园共创电力安…	西安鑫烁	金河	无锡安全	安全牌	杭州吉鸿	更多 ∨	+多选

默认 | 销量 | 评价 | 价格 | 最新上架 | 第1-20个商品 1/8 ‹ ›

¥3486.15
安全工器具柜
石家庄市华威电力器具有限公司……
已销售223件　1人评价

¥2914.31
安全工器具柜
石家庄市华威电力器具有限公司……
已销售27件　0人评价

¥3265.12
安全工器具柜
石家庄市华威电力器具有限公司……
已销售0件　0人评价

¥3323.77
安全工器具柜,智能
江苏科吉电气有限公司……
已销售294件　39人评价

图 4-38　超市化采购物料查找

图 4-39 物料需求信息维护

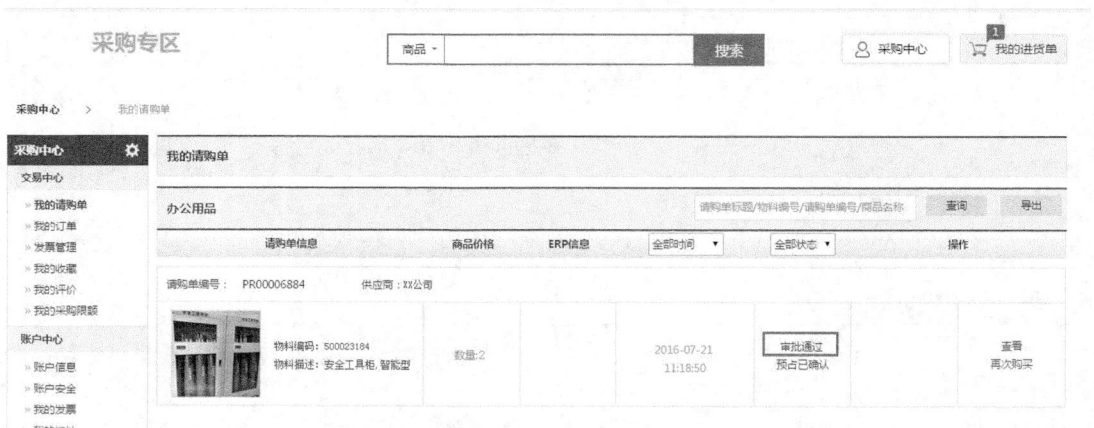

图 4-40 请购单查询

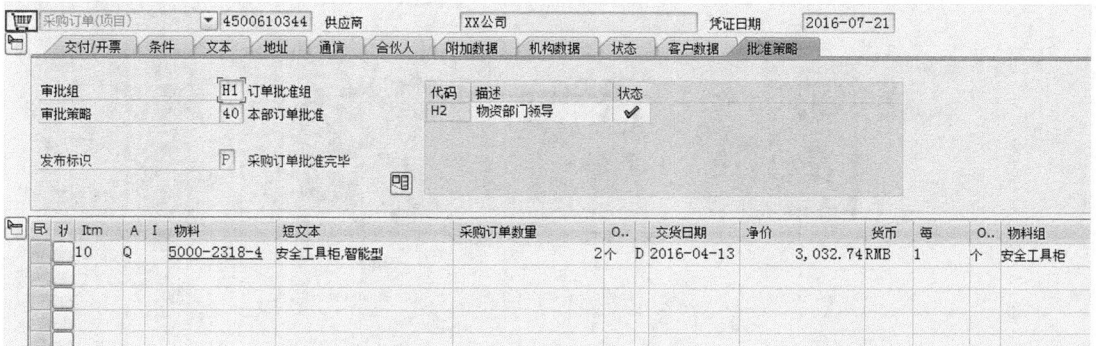

图 4-41 超市化采购订单查询

3. 超市化采购订单配送

B 公司收集汇总电网企业用户提报的各类超市化采购物资需求，定期开展物资配送。物资配送前，在 ERP MM 中维护配送方式、运单号码等配送信息。系统应用如图 4-42 所示。

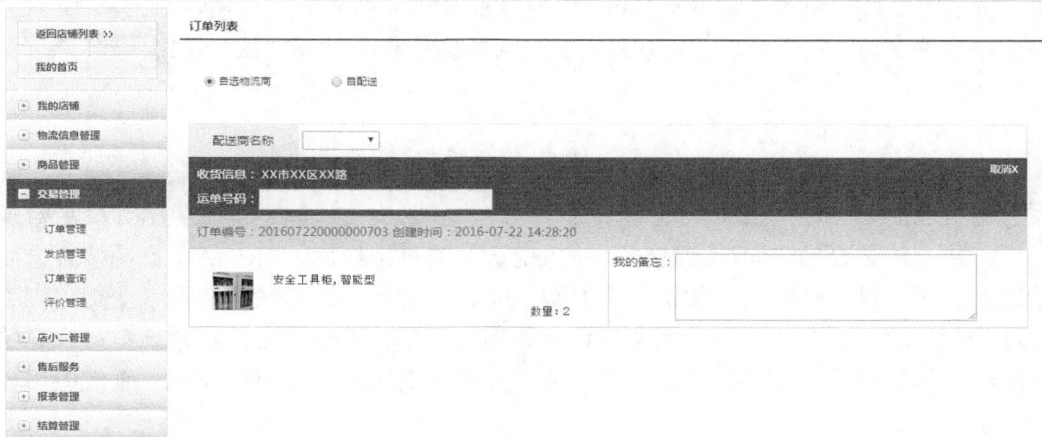

图 4-42　订单配送信息维护

4. 超市化采购物资交付与验收

B 公司在合同约定的时间内送货到指定的地点，物资管理部门接收超市化采购物资，完成数量清点与外观检验后，签署配送验收单，并在 ERP MM 中开展收货记账。ERP MM 自动进行收货检查，如果订单供应商未完成妥投，则无法进行收货过账，防止业务人员提前收货、采购订单输入错误等误操作。系统应用如图 4-43 所示。

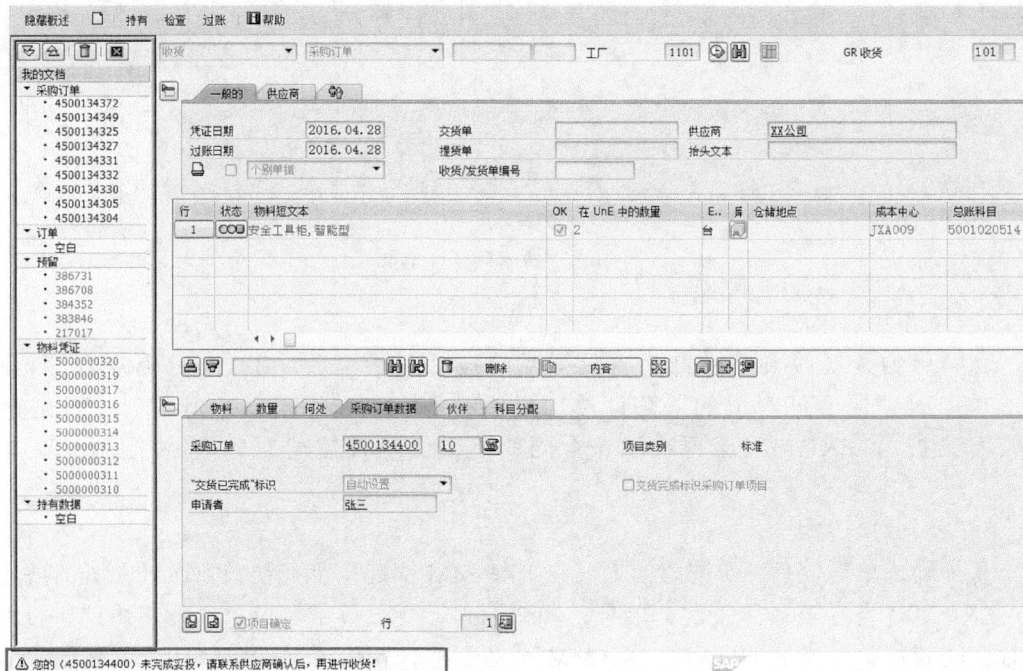

图 4-43　超市化采购物资收货校验

【应用案例 4-6】 批次招标采购合同履行变更应用

某电网企业建设某 220kV 输变电工程，前期已完成电力电缆、组合电器等项目物资的招标采购与合同签订工作。在合同履行过程中，由于政策原因，项目线路走向需要变更，所以需要增加电力电缆 0.845km。电网企业与供应商协商一致后，由需求部门起草、提交技术确认单，物资管理部门起草、提交商务确认单与补充协议，经相关部门审批后，合同变更生效。

1. 技术确认单提交

合同变更流程由需求部门发起。需求部门人员在 ERP MM 中起草技术确认单，维护原合同对应的采购订单信息，设备、材料名称，技术变更原因、变更类型、变更数量等信息，并上传必要的合同变更依据。技术确认单信息维护后，ERP MM 自动核查合同变更比例。对于材料类物资，物资规格参数不变、单价不变，默认累计数量变更比例不得超过 15%；对于设备类物资，物资规格参数不变、单价不变或规格参数调整后未导致对采购结果的实质性内容进行更改，默认累计金额变更比例不得超过 15%。系统应用如图 4-44 所示。

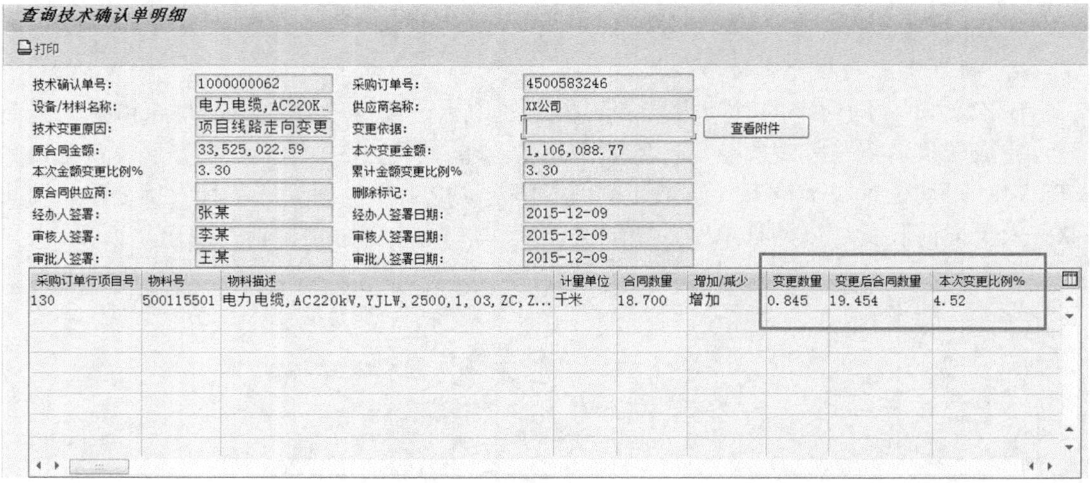

图 4-44　技术确认单查询

2. 商务确认单提交

合同履约人员收到需求部门人员提交的技术确认单后，在 ERP MM 中起草商务确认单，维护原合同对应的采购订单信息、经办人、技术确认单等信息。商务确认单信息维护后，ERP MM 会再次核查合同变更比例是否超过 15%。系统应用如图 4-45 所示。

3. 补充协议维护

商务确认单提交后，合同履约人员在 ERP MM 中起草补充协议，通过关联商务确认单，ERP MM 自动获取原采购订单号、物料编码、变更数量等信息。补充协议审批后，针对合同履行数量增加的业务，ERP MM 自动创建合同变更采购申请和合同变更采购订单信息。合同变更采购订单审批通过后，ERP MM 自动创建新的供应计划，后续参照批次招标采购物资合同履行流程执行。系统应用如图 4-46 所示。

查询商务确认单明细

🖨 打印

商务确认单号:	2000000011	采购订单号:	4500583246
招标批次:	SG1509	供应商名称:	XX公司
项目编号:	15110113519K	项目名称:	XX220千伏世纪输变电工程
原合同金额:	33,525,022.59	本次变更后合同金额:	34,631,111.36
本次变更金额:	1,106,088.77	累计变更金额:	1,106,088.77
本次变更金额比例%:	3.30	累计变更比例%:	3.30
物资部门经办人签署:	张某	物资部门经办人签署日期:	2015-12-14
物资部门领导签署:	李某	物资部门领导签署日期:	2015-12-15

技术确认单号	采购订单行项目号	物料编码	计量单位	增加/减少	原合同数量	本次变更数量	变更后数量	技术
1000000062	130	500115501	千米	增加 ▼ 18.700		0.845	19.454	1000

图 4-45　商务确认单查询

补充协议查询

补充协议单号:	WZHT150026B001	原采购订单号:	4500583246
招标批次:	SG1509	供应商名称:	XX公司
原合同金额:	33,525,022.59	补充协议总额:	1,106,088.77
累计变更金额:	1,106,088.77	累计金额变更比例:	3.30
项目定义:	15110113519K	项目名称:	XX220千伏世纪输变电工程

备注:

电子商务确认单	采购订单行项目号	原物料编码	计量单位	原合同数量	增加/减少	变更数量	变更后数量	变更采购申请号	采购申请行项目号	变更采购订单号	采购订单行
2000000011	130	500115501	千米	18.700	增加 ▼	0.845	19.454	0014722764	10	4500686733	10

图 4-46　补充协议查询

若发生合同履行数量减少变更的业务,合同履约人员在补充协议审批通过后,在 ERP MM 中手工对物资供应计划进行拆分,并关闭数量减少部分的物资供应计划,后续同样参照批次招标采购物资合同履行流程执行。

4.3 物资合同结算管理

4.3.1 物资合同结算管理概述

合同结算是指在合同签订生效后，当物资合同履行到一定的阶段，由合同乙方根据合同条款提出付款申请，并经合同甲方确认后进行付款的行为。合同结算管理是与合同阶段性付款的及时性、准确性、合规性相关的一系列活动的管理。

电网企业对合同物资支付价款，一般采用预付款、到货款、投运款和质保款四段式付款方式。对于部分特殊设备，可采用五段式的付款方式，增加设计冻结款。

物资合同结算管理主要包括以下四个方面：

（1）当物资合同生效后，供应商缴纳履约保证金（银行保函），办理预付款支付申请手续，电网企业支付预付款。

（2）合同物资交货之后，供应商凭借增值税专用发票、到货验收单，办理到货款支付申请手续，电网企业支付到货款。

（3）完成物资的安装、调试以及验收并投入运行后，供应商根据投运单办理投运款支付申请手续，电网企业支付投运款。

（4）在合同物资质保期期间，如果没有索赔，运行单位提供质保单，供应商根据质保单办理质保款支付申请手续，电网企业支付质保款。

4.3.2 电网企业物资合同结算管理流程

物资合同结算管理流程主要涉及物资管理部门、供应商和财务管理部门，总体流程如图 4-47 所示。

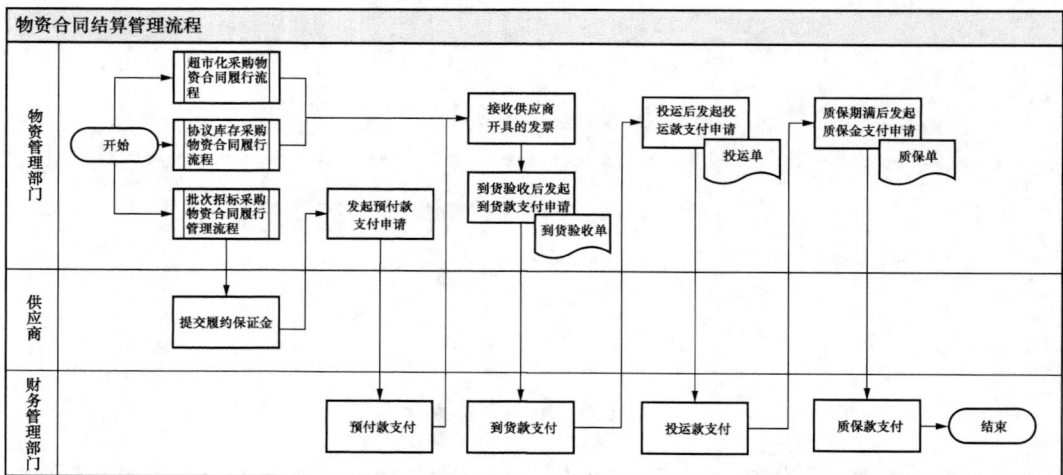

图 4-47　物资合同结算管理流程

以上流程要点及各部门职责如下：

（1）物资管理部门对供应商提交的银行保函进行审核，并办理保函登记、交接手续；根据合同生效、到货验收、投运、质保期满等时间节点审核相关资料，并发起各个合同款项的支付流程。批次招标采购物资根据不同的物资类别支付不同合同金额比例的款项；协议库存采购物资与超市化采购物资通常为到货后全额付款，没有预付款、投运款等款项的支付。

（2）供应商负责在履约期间办理并提交银行保函，按时提供合同的全额增值税专用发票，办理合同款项的支付申请手续。

（3）财务管理部门根据合同约定的时间节点，以及物资管理部门发起的合同支付流程，完成资金支付。

4.3.3　ERP MM 在物资结算管理中的应用

物资合同签订生效后，电网企业按照物资合同约定的支付条款，结合业务流程实际执行情况，开展资金支付业务。电网企业通过 ERP MM 的保函管理功能，实现对合同履约保证金的管理，通过 ERP MM 的预付款管理、发票管理、到货款管理、投运款管理、质保款管理等功能，实现分阶段、分比例支付合同款项。

【应用案例 4-7】　某电网企业通过招标采购电力电缆、变压器、组合电器等项目物资，与供应商 A 公司签订采购合同。A 公司依据合同条款，在合同签订生效后提出预付款支付申请；在物资交付后提出到货款支付申请；在物资投运后提出投运款支付申请；在物资质保期满后提出质保款支付申请。合同结算人员根据合同结算流程，完成各类合同款项的资金支付。

1.　保函管理

履约保证金是为合同履行所提供的一种资金保证，是供应商履行合同义务的担保。履约保证金一般以保函形式提交。供应商委托银行出具保函后，在 ERP MM 中进行保函信息登记，维护保函金额、保函比例、保函开具银行等信息。保函信息登记后，合同结算人员在 ERP MM 中对保函信息进行审核。系统应用如图 4-48 所示。

保函登记号	采购订单号	合同金额	工厂	供应商名称	保函金额	保函比例	保函登记日期	保函截止日期	保函编号	保函开具银行	是否冲抵预付款	预付款冲抵金额
9000000000000056092	4500583246	33,525,022.59	1101	双公司	3,352,502.26	10%	2015-11-27	2017-11-24	33DLG20151109660	中国农业银行股份有限公司XX支行	0	0.00

图 4-48　保函查询

2.　预付款支付申请管理

合同条款中约定有预付款的，供应商凭履约保证金凭证（银行保函）向电网企业提出预付款支付申请。合同结算人员在 ERP MM 中提报预付款支付申请，维护合同编号、履约保函号、预付款金额等信息。审核通过后提交财务管理部门作为预付款支付的依据。系统应用如图 4-49 所示。

预付款申请管理

提交

预付款申请标识编号	申请日期	合同金额	已支付金额	可申请金额	本次支付金额	合同付款比例	采购订单编号	支付状态	备注	退回原因
		6,999.99	0.00	700.00	700.00	1:3:3:3	4500550540	0-待申请		
		13,000.01	0.00	1,300.00	1,300.00	1:3:3:3	4500550551	0-待申请		
		15,014.84	0.00	1,501.48	1,501.48	1:3:3:3	4500550548	0-待申请		
		17,499.98	0.00	1,750.00	1,750.00	1:3:3:3	4500550541	0-待申请		
		21,750.07	0.00	2,175.01	2,175.01	1:3:3:3	4500550542	0-待申请		
		26,275.98	0.00	2,627.60	2,627.60	1:3:3:3	4500550546	0-待申请		
		26,275.98	0.00	2,627.60	2,627.60	1:3:3:3	4500550547	0-待申请		
		32,500.03	0.00	3,250.00	3,250.00	1:3:3:3	4500550549	0-待申请		
		43,500.13	0.00	4,350.01	4,350.01	1:3:3:3	4500550538	0-待申请		
		65,000.05	0.00	6,500.01	6,500.01	1:3:3:3	4500550550	0-待申请		
		200,000.01	0.00	20,000.00	20,000.00	1:8:0:1	4500358921	0-待申请		
		205,329.97	0.00	20,533.00	20,533.00	1:4:4.5:0.5	4500361299	0-待申请		
		219,999.99	0.00	22,000.00	22,000.00	1:4:4.5:0.5	4500354820	0-待申请		
		299,999.98	0.00	30,000.00	30,000.00	1:8:0:1	4500358920	0-待申请		
		321,048.00	0.00	32,104.80	32,104.80	1:5:3:1	4500354824	0-待申请		
		344,999.96	0.00	34,500.00	34,500.00	1:4:4.5:0.5	4500359701	0-待申请		
		348,580.03	0.00	34,858.00	34,858.00	1:8:0:1	4500354810	0-待申请		
		33,525,022.59	0.00	3,352,502.26	3,352,502.26	1:6:2:1	4500583246	0-待申请		

图 4-49 预付款支付申请管理

3. 发票管理

物资到货验收后，合同结算人员根据合同的约定以及物资到货情况计算供应商可开具发票的价款、税款、价税合计、数量等信息，供应商以此为依据开具纸质发票。供应商在 ERP MM 中登记发票信息，合同结算人员对供应商登记的发票信息与供应商提供的纸质发票进行核对，核对无误后，打印发票交接单，与供应商办理发票登记交接。后续财务人员在 ERP 系统中完成发票校验。系统应用如图 4-50 所示。

发票查询

采购订单号	采购凭证行项目	发票申请标识	合同金额	供应商名称	工厂	订单数量	订单金额	实际到货数量	实际到货日期	支付比例	发票编号	发票日期	开票数量	不含税单价	税率	税金	价税合计金额
4500583246	10	11FP000000000182884	33,525,022.59	XX公司	1101	3.000	230,769.00	3.000	2016-03-22	1:6:2:1	01130679	2016-04-02	3.000	76,923.00	17%	39,230.73	269,999.73
4500583246	20	11FP000000000182883	33,525,022.59	XX公司	1101	6.000	461,538.00	6.000	2016-03-22	1:6:2:1	01130679	2016-04-02	6.000	76,923.00	17%	78,461.46	539,999.46
4500583246	30	11FP000000000182882	33,525,022.59	XX公司	1101	2.000	13,676.00	2.000	2016-03-22	1:6:2:1	01130679	2016-04-02	2.000	6,838.00	17%	2,324.92	16,000.92
4500583246	40	11FP000000000182881	33,525,022.59	XX公司	1101	120.000	13,920.00	120.000	2016-03-22	1:6:2:1	01130679	2016-04-02	120.000	116.00	17%	2,366.40	16,286.40
4500583246	50	11FP000000000182880	33,525,022.59	XX公司	1101	3.000	220,512.00	3.000	2016-03-22	1:6:2:1	01130679	2016-04-02	3.000	73,504.00	17%	37,487.04	257,999.04
4500583246	60	11FP000000000182879	33,525,022.59	XX公司	1101	13.000	88,894.00	13.000	2016-03-22	1:6:2:1	01130679	2016-04-02	13.000	6,838.00	17%	15,111.98	104,005.98
4500583246	70	11FP000000000182878	33,525,022.59	XX公司	1101	6.000	441,024.00	6.000	2016-03-22	1:6:2:1	01130679	2016-04-02	6.000	73,504.00	17%	74,974.08	515,998.08
4500583246	80	11FP000000000182877	33,525,022.59	XX公司	1101	925.000	107,300.00	925.000	2016-03-22	1:6:2:1	01130679	2016-04-02	925.000	116.00	17%	18,241.00	125,541.00
4500583246	90	11FP000000000182876	33,525,022.59	XX公司	1101	13.000	77,779.00	13.000	2016-03-22	1:6:2:1	01130679	2016-04-02	13.000	5,983.00	17%	13,222.43	91,001.43
4500583246	100	11FP000000000182875	33,525,022.59	XX公司	1101	36.000	2,843,064.00	36.000	2016-03-22	1:6:2:1	01130679	2016-04-02	36.000	78,974.00	17%	483,320.88	3,326,384.88
4500583246	110	11FP000000000182874	33,525,022.59	XX公司	1101	2.880	3,222,106.56	2.880	2016-03-22	1:6:2:1	01130677	2016-04-02	2.880	1,118,787.00	17%	547,758.12	3,769,864.68
4500583246	120	11FP000000000182873	33,525,022.59	XX公司	1101	2.000	11,966.00	2.000	2016-03-22	1:6:2:1	01130679	2016-04-02	2.000	5,983.00	17%	2,034.22	14,000.22
4500583246	130	11FP000000000182872	33,525,022.59	XX公司	1101	18.700	20,921,316.90	18.700	2016-03-22	1:6:2:1	01130676	2016-04-02	18.700	1,118,787.00	17%	3,556,623.87	24,477,940.77

图 4-50 发票查询

4. 到货款支付申请管理

供应商凭全额增值税专用发票及到货验收单向电网企业办理到货款支付申请手续，合同结算人员在 ERP MM 中提报到货款支付申请，维护合同编号、到货款金额等信息，审核通过后，财务管理部门支付到货款。系统应用如图 4-51 所示。

到货款申请管理

提交

付款申请标识编号	由请日期	合同金额	已支付金额	可申请金额	本次支付金额	合同付款比例	采购订单编号	支付状态	备注	退回原因
11DHK000000000015392		33,525,022.59	3,352,502.26	20,115,013.55	20,115,013.55	1:6:2:1	4500583246	0-待申请		
11DHK000000000015394		356,999.76	0.00	356,999.76	356,999.76	0:9:0:1	4500372508	0-待申请		
11DHK000000000036304		5,659,992.00	1,697,997.60	2,263,996.80	2,263,996.80	3:4:2:1	4500368267	0-待申请		
11DHK000000000039857		77,688.00	0.00	77,688.00	77,688.00	0:10:0:0	4500368284	0-待申请		
11DHK000000000265648		130,413.94	0.00	3,432.57	3,432.57	0:9:0:1	4500354345	0-待申请		

图 4-51 到货款支付申请查询

5. 投运款支付申请管理

物资在项目现场投入运行后，项目管理部门办理投运单。合同条款中约定有投运款的，供应商凭投运单向电网企业办理投运款支付申请手续，合同结算人员在 ERP MM 中提报投运款支付申请，维护合同编号、投运款金额等信息，审核通过后，财务管理部门支付投运款。系统应用如图 4-52 所示。

投运款申请管理

提交

付款申请标识编号	申请日期	合同金额	投运单号	已支付金额	可申请金额	本次支付金额	合同付款比例	采购订单编号	备注	退回原因
		11,044,800.00	4500529507T001	8,835,840.00	4,417,920.00	4,417,920.00	1:4:4:1	4500529507		
		10,085,400.00	4500670662T001	4,034,160.00	4,034,160.00	4,034,160.00	1:4:4:1	4500670662		
		12,799,942.58	4500647332T001	7,679,965.54	2,559,988.51	2,559,988.51	1:6:2:1	4500647332		
		3,287,450.79	4500447574T001	1,314,980.29	1,314,980.29	1,314,980.29	1:4:4:1	4500447574		
		33,525,022.59	4500583246T001	23,467,515.81	6,705,004.52	6,705,004.52	1:6:2:1	4500583246		
		3,680,352.00	4700001769T001	1,104,105.60	1,104,105.60	1,104,105.60	1:3:3:3	4700001769		
		2,340,000.00	4500606428T001	936,000.00	936,000.00	936,000.00	1:4:4:1	4500606428		
		2,075,718.53	4700001701T001	622,715.56	622,715.56	622,715.56	1:3:3:3	4700001701		
		2,534,283.11	4500498852T001	3,041,139.72	506,856.62	506,856.62	1:6:2:1	4500498852		
		580,554.00	4500721384T001	232,221.60	249,638.22	249,638.22	1:4:4.3:0.7	4500721384		
		554,580.00	4500721230T001	221,832.00	221,832.00	221,832.00	1:4:4:1	4500721230		
		392,184.00	4500630985T001	352,965.60	11,765.52	11,765.52	0:9:0.3:0.7	4500630985		
		1,375,536.09	4500501089T001	4,949.99	2,474.99	2,474.99	3:4:2:1	4500501089		

图 4-52 投运款支付申请查询

6. 质保款支付申请管理

物资质保期满后，运行管理部门办理质保单。合同条款中约定有质保款的，供应商凭质保单向电网企业办理质保款支付申请手续，合同结算人员在 ERP MM 中提报质保款支付申请，维护合同编号、质保款金额等信息，审核通过后，财务管理部门支付质保款。系统应用如图 4-53 所示。

质保金申请管理

提交

付款申请标识编号	申请日期	合同金额	质保单号	已支付金额	可申请金额	本次支付金额	合同付款比例	采购订单编号	备注	退回原因
		33,525,022.59	1140000000002267	30,172,520.33	3,352,502.26	3,352,502.26	1:6:2:1	4500583246		
		1,042,000.00	1140000000001688	833,600.00	104,200.00	104,200.00	1:8:0:1	4500406535		
		71,020.01	1140000000001698	63,918.01	7,102.00	7,102.00	0:9:0:1	4500359703		
		409,359.79	1140000000001656	51,993.81	5,777.09	5,777.09	0:9:0:1	4500551744		
		818,719.57	1140000000001657	49,123.17	12,280.79	12,280.79	3:4:2:1	4500555459		
		1,109,952.09	1140000000001986	443,980.84	110,995.21	110,995.21	1:4:4:1	4500482116		
		432,000.27	1140000000002079	388,800.24	43,200.03	43,200.03	0:9:0:1	4500482104		
		395,209.99	1140000000002486	355,688.99	39,521.00	39,521.00	0:9:0:1	4500448562		
		3,760.01	1140000000002740	0.00	376.00	376.00	0:9:0:1	4500343496		
		15,300.00	1140000000002771	13,770.00	1,530.00	1,530.00	0:9:0:1	4500343497		
		898,840.80	1140000000002717	449,420.40	44,942.04	44,942.04	2:5:2.5:0.5	4500453708		
		139,873.50	1140000000003023	125,886.15	13,987.36	13,987.36	0:9:0:1	4500461311		
		200,000.01	1140000000002586	160,000.01	20,000.00	20,000.00	1:8:0:1	4500358923		
		435,561.05	1140000000002683	392,004.95	43,556.10	43,556.10	0:9:0:1	4500458886		
		9,828.00	1140000000002824	8,845.20	982.80	982.80	0:9:0:1	4500343451		
		453,318.02	1140000000002898	407,986.22	45,331.80	45,331.80	0:9:0:1	4500405878		
		231,000.00	1140000000002997	207,900.00	23,100.00	23,100.00	0:9:0:1	4500401293		
		299,400.02	1140000000003268	269,460.02	29,940.00	29,940.00	0:9:0:1	4500391829		
		401,060.79	1140000000003502	381,007.75	20,053.04	20,053.04	0:9.5:0:0.5	4500476912		
		179,999.82	1140000000003119	170,999.83	8,999.99	8,999.99	0:9.5:0:0.5	4500453702		
		206,739.00	1140000000003423	196,402.05	10,336.95	10,336.95	0:9.5:0:0.5	4500453766		

图 4-53 质保款支付申请查询

5

物资质量管理

　　质量管理是电网物资管理中的重要环节，电网企业签订物资合同后即开展物资质量管理，主要方式有设备制造阶段的监造、设备验收交付阶段的抽检及其他服务于物资全寿命周期管理的活动。本章主要介绍设备监造管理、物资抽检管理等相关概念及其业务流程，并通过 ERP MM 的监造与抽检计划编制与执行，实现对电网物资质量的监督，以便更好地服务电网建设，保证生产活动安全和电网运行稳定。

5.1　设备监造管理

5.1.1　设备监造管理概述

　　设备监造是指符合相应资质的监造单位按国家相关法律、法规、设备采购合同以及监造服务合同等约定，派驻专业人员前往供应商现场，对设备材料的制造质量及进度进行全过程的监督见证。设备监造管理是指对设备监造整体实施过程的统筹活动。

　　常见的监造设备包括变压器（换流变）、电抗器、断路器、隔离（接地）开关、组合电器、串联补偿装置、换流阀、阀组避雷器等。

　　设备监造管理的内容主要涵盖制定监造计划、开展监造工作、处理监造问题、传递保存监造信息。

　　（1）制定监造计划。是指依据电网企业规定的监造范围，根据监造大纲和物资质量管理技术指导文件确定各类物资的监造内容。监造计划的制定必须综合考虑物资合同的签订情况、供应商排产计划和生产进度。

　　（2）开展监造工作。是指电网企业组织设备监造单位、供应商等相关单位对设备材料的制造质量及进度进行全过程的监督见证。

　　电网企业前期召开设计联络会，明确监造项目合同（技术协议），进行技术交底（含设计变更）。驻厂监造组收集采购合同及相关监造依据性文件，掌握所监造设备的技术要求，在电网企业审核批准后形成《监造实施细则》，报供应商备案。

　　电网企业定期组织召开监造协调会，明确相互的责任、义务，确定监造有关事项。

　　关键点见证是监造工作的重要补充，由电网企业物资管理部门组织专业人员，对产品制造过程中的关键环节进行见证。关键点见证主要内容与监造单位实施的监督见证内容一致。

监造工作从监造服务合同约定日开始,一般至设备发运日或产品包装完成之日起30日完成。

(3)处理监造问题。是指处理监造工作中发现的问题。监造问题主要有质量、进度及供应商不良行为等。

1)由于质量问题对工程实施造成影响的,监造单位可现场提出处理方案并督促供应商立即整改并由电网企业对整改结果进行验收。

2)进度问题包括设备生产、试验的实际进展与计划出现偏差、交货期不能满足合同规定、预见性延误等。监造单位发现进度问题时应及时向供应商发出工作联系单并上报电网企业。

3)供应商不良行为主要有未经电网企业许可,擅自转包、分包合同物资;未按合同约定,擅自更换或使用劣质原材料、组部件及偷工减料、降低产品性能或功能等;不配合监造工作或对监造过程中发现的问题整改不积极等。监造单位发出工作联系单并上报电网企业,由电网企业确定处理方案。

(4)传递保存监造信息。主要包括监造计划、监造日志、监造周报、监造发现问题专题报告、监造总结等材料以及相关的台账、记录等。电网企业应建立完善的设备监造台账,加强监造台账资料的管理,并做好统计分析工作。

5.1.2 电网企业设备监造管理流程

设备监造管理流程主要涉及电网企业的物资管理部门、监造单位、项目管理部门,总体流程如图5-1所示。

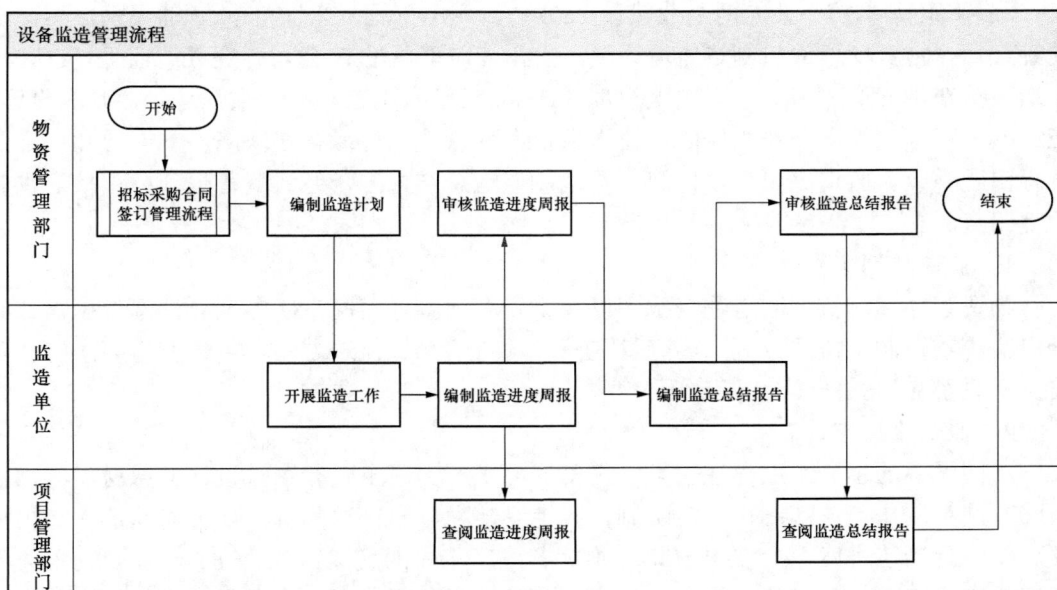

图5-1 设备监造管理流程

以上流程要点及各部门职责如下：

（1）物资管理部门负责在招标采购合同签订后编制监造计划，并向监造单位提交监造资料。监造计划应明确供应商、实施时间、项目信息、物资名称、监造方式、具体监造要求等任务信息。可结合上一年度设备监造工作开展情况、本年度工程项目情况和物资采购需求，制定本年度监造计划，对本年度监造工作的重点内容、环节等方面进行规划。同时，根据合同签订及供应商排产计划确定月度监造计划，负责对监造进度周报、监造总结报告进行审核。

（2）监造单位负责监造计划的具体实施，编制监造进度周报、监造总结报告，提供给物资管理部门。设备监造的主要内容包括审查供应商的质量管理体系及运行情况；监督见证主要生产工艺设备的工序和有关人员的上岗资格、设备制造和装配场所的环境；监督外购主要原材料、组部件的质量；监督见证安排生产、加工、装配和试验的实际进展情况；监督见证供应商各制造阶段的检测；审核设备出厂试验方案，并提前报送电网企业，组织设备出厂试验见证；检查设备包装质量、存放管理和装车发运准备情况；协调处理现场遇到的相关问题，及时做好监造信息的统计、分析、报送工作。

（3）项目管理部门负责定期查阅监造进度周报及相关材料，掌握监造工作开展情况。

5.1.3　ERP MM 在设备监造管理中的应用

电网企业在 ERP MM 中进行设备监造管理，通过监造计划管理、监造信息查询、监造总结管理等功能，及时了解物资生产进度和生产过程中出现的问题，实现对设备监造的管控。

【应用案例 5-1】　某电网企业建设 220kV 输变电工程，采购 220kV 油浸变压器。合同签订后，物资管理部门制定监造计划，委托某监理单位 D 公司开展驻厂监造。D 公司监造人员在供应商制造现场对关键组部件的制造工序、工艺和制造质量进行监督和见证。在一次车间巡检铁芯制作工序时，监造人员发现铁芯片边缘存在缺陷，立即通知供应商进行问题整改。监造完成后，监造人员编制监造总结报告，经物资管理部门审核后供相关部门查阅。

1. 监造计划下发

物资管理部门依据监造物资范围以及物资合同签订情况，对 220kV 油浸变压器和组合电器等物资制定监造计划，明确供应商、项目信息、监造方式、具体监造要求等任务信息。系统应用如图 5-2 所示。

2. 监造进度查询

不同设备的生产工序存在差异，变压器的生产工序主要有图纸设计、原材料零部件采购、油箱制作、铁芯制作、绕组制作、绝缘装配、出厂试验等。D 公司监造人员根据变压器实际制造进度，在 ERP MM 中维护各生产工序的完成情况。ERP MM 自动汇总各工序的完成情况，形成监造进度统计报表，其中黑色实心圈代表已完成，空心圈代表正在进行中。系统应用如图 5-3 所示。

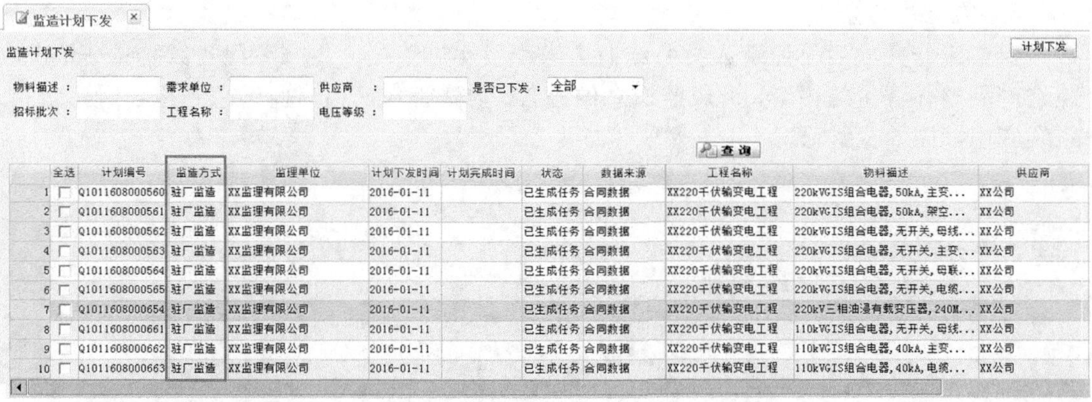

	全选	计划编号	监造方式	监理单位	计划下发时间	计划完成时间	状态	数据来源	工程名称	物料描述	供应商
1		Q1011608000560	驻厂监造	XX监理有限公司	2016-01-11		已生成任务	合同数据	XX220千伏输变电工程	220kVGIS组合电器,50kA,主变...	XX公司
2		Q1011608000561	驻厂监造	XX监理有限公司	2016-01-11		已生成任务	合同数据	XX220千伏输变电工程	220kVGIS组合电器,50kA,架空...	XX公司
3		Q1011608000562	驻厂监造	XX监理有限公司	2016-01-11		已生成任务	合同数据	XX220千伏输变电工程	220kVGIS组合电器,无开关,母线...	XX公司
4		Q1011608000563	驻厂监造	XX监理有限公司	2016-01-11		已生成任务	合同数据	XX220千伏输变电工程	220kVGIS组合电器,无开关,主变...	XX公司
5		Q1011608000564	驻厂监造	XX监理有限公司	2016-01-11		已生成任务	合同数据	XX220千伏输变电工程	220kVGIS组合电器,无开关,母联...	XX公司
6		Q1011608000565	驻厂监造	XX监理有限公司	2016-01-11		已生成任务	合同数据	XX220千伏输变电工程	220kVGIS组合电器,无开关,电缆...	XX公司
7		Q1011608000654	驻厂监造	XX监理有限公司	2016-01-11		已生成任务	合同数据	XX220千伏输变电工程	220kV三相油浸有载变压器,240M...	XX公司
8		Q1011608000661	驻厂监造	XX监理有限公司	2016-01-11		已生成任务	合同数据	XX220千伏输变电工程	110kVGIS组合电器,无开关,母线...	XX公司
9		Q1011608000662	驻厂监造	XX监理有限公司	2016-01-11		已生成任务	合同数据	XX220千伏输变电工程	110kVGIS组合电器,40kA,主变...	XX公司
10		Q1011608000663	驻厂监造	XX监理有限公司	2016-01-11		已生成任务	合同数据	XX220千伏输变电工程	110kVGIS组合电器,40kA,电缆...	XX公司

图 5-2 监造计划下发查询

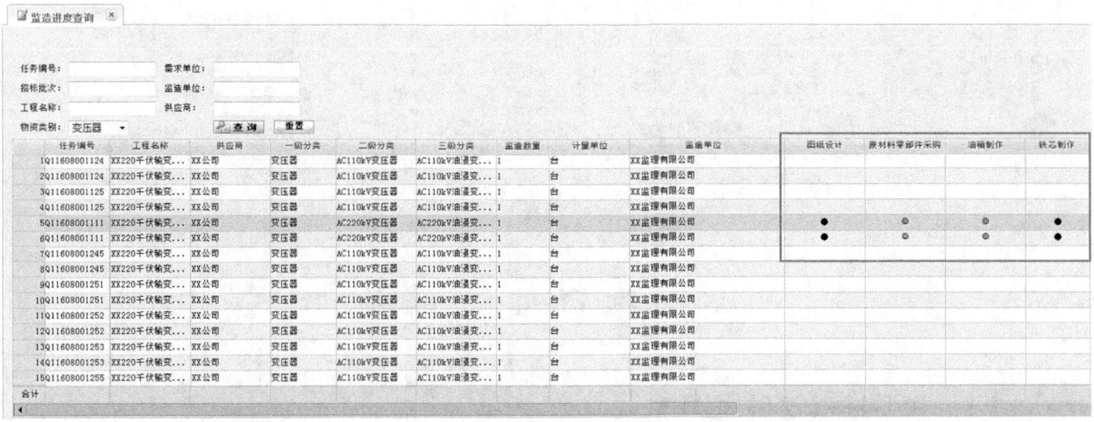

	任务编号	工程名称	供应商	一级分类	二级分类	三级分类	监造数量	计量单位	监造单位	图纸设计	原材料零部件采购	油箱制作	铁芯制作
1	Q11608001124	XX220千伏输变...	XX公司	变压器	AC110kV变压器	AC110kV油浸变...	1	台	XX监理有限公司				
2	Q11608001124	XX220千伏输变...	XX公司	变压器	AC110kV变压器	AC110kV油浸变...	1	台	XX监理有限公司				
3	Q11608001125	XX220千伏输变...	XX公司	变压器	AC110kV变压器	AC110kV油浸变...	1	台	XX监理有限公司				
4	Q11608001125	XX220千伏输变...	XX公司	变压器	AC110kV变压器	AC110kV油浸变...	1	台	XX监理有限公司				
5	Q11608001111	XX220千伏输变...	XX公司	变压器	AC220kV变压器	AC220kV油浸变...	1	台	XX监理有限公司	●	◎	◎	●
6	Q11608001111	XX220千伏输变...	XX公司	变压器	AC220kV变压器	AC220kV油浸变...	1	台	XX监理有限公司	●	◎	◎	●
7	Q11608001245	XX220千伏输变...	XX公司	变压器	AC110kV变压器	AC110kV油浸变...	1	台	XX监理有限公司				
8	Q11608001245	XX220千伏输变...	XX公司	变压器	AC110kV变压器	AC110kV油浸变...	1	台	XX监理有限公司				
9	Q11608001251	XX220千伏输变...	XX公司	变压器	AC110kV变压器	AC110kV油浸变...	1	台	XX监理有限公司				
10	Q11608001251	XX220千伏输变...	XX公司	变压器	AC110kV变压器	AC110kV油浸变...	1	台	XX监理有限公司				
11	Q11608001252	XX220千伏输变...	XX公司	变压器	AC110kV变压器	AC110kV油浸变...	1	台	XX监理有限公司				
12	Q11608001252	XX220千伏输变...	XX公司	变压器	AC110kV变压器	AC110kV油浸变...	1	台	XX监理有限公司				
13	Q11608001253	XX220千伏输变...	XX公司	变压器	AC110kV变压器	AC110kV油浸变...	1	台	XX监理有限公司				
14	Q11608001253	XX220千伏输变...	XX公司	变压器	AC110kV变压器	AC110kV油浸变...	1	台	XX监理有限公司				
15	Q11608001255	XX220千伏输变...	XX公司	变压器	AC110kV变压器	AC110kV油浸变...	1	台	XX监理有限公司				
合计													

图 5-3 监造进度查询

3. 监造发现问题查询

在驻厂监造过程中，监造人员将巡检发现的主变压器个别铁芯片边缘存在缺陷、油箱前沿有渗油等质量问题，及时通知物资管理部门并在 ERP MM 中做好信息登记工作，详细记录问题描述、严重程度以及采取的相应措施等内容。系统应用如图 5-4 所示。

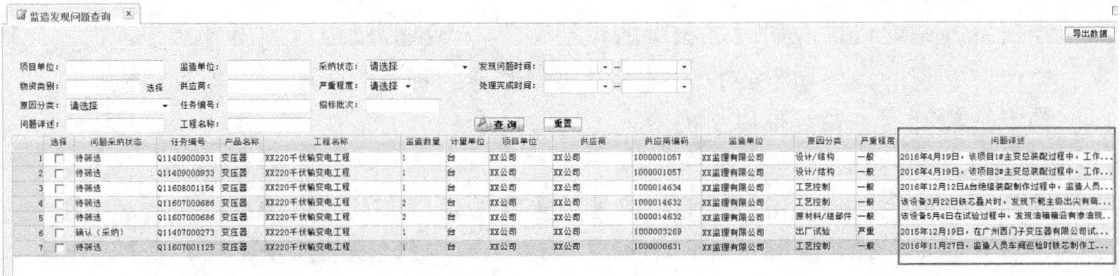

	选择	问题采纳状态	任务编号	产品名称	工程名称	监造数量	计量单位	项目单位	供应商	供应商编码	监造单位	原因分类	严重程度	问题详述
1		待筛选	Q11409000931	变压器	XX220千伏输变电工程	1	台	XX公司	XX公司	1000001057	XX监理有限公司	设计/结构	一般	2016年4月19日，该项目1#主变总装配过程中，工作...
2		待筛选	Q11409000933	变压器	XX220千伏输变电工程	1	台	XX公司	XX公司	1000001057	XX监理有限公司	设计/结构	一般	2016年4月19日，该项目2#主变总装配过程中，工作...
3		待筛选	Q11608001154	变压器	XX220千伏输变电工程	1	台	XX公司	XX公司	1000014634	XX监理有限公司	工艺控制	一般	2016年12月12日A台绝缘装配制作过程中，监造人员...
4		待筛选	Q11607000686	变压器	XX220千伏输变电工程	2	台	XX公司	XX公司	1000014632	XX监理有限公司	工艺控制	一般	该设备3月22日铁芯叠片时，发现下轭主级出尖有毛...
5		待筛选	Q11607000686	变压器	XX220千伏输变电工程	2	台	XX公司	XX公司	1000014632	XX监理有限公司	原材料/组部件	一般	该设备5月4日在试验过程中，发现油箱箱沿有渗油现...
6		确认（采纳）	Q11407000273	变压器	XX220千伏输变电工程	1	台	XX公司	XX公司	1000003269	XX监理有限公司	出厂试验	严重	2015年12月19日，在广州西门子变压器有限公司试...
7		待筛选	Q11607001125	变压器	XX220千伏输变电工程	1	台	XX公司	XX公司	1000000631	XX监理有限公司	工艺控制	一般	2016年11月27日，监造人员车间巡检时铁芯制作工...
合计														

图 5-4 监造发现问题查询

4. 监造总结查询

监造工作完成后，监造人员总结监造组织及实施情况、生产过程及试验见证情况、监造产品整体评价等内容，形成监造总结报告。物资管理部门对监造总结报告进行审核。系统应用如图 5-5 所示。

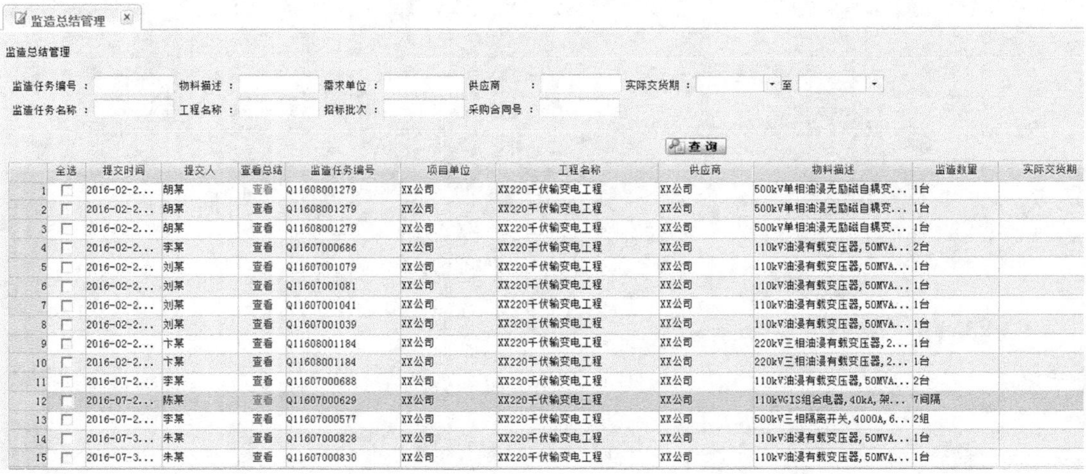

	全选	提交时间	提交人	查看总结	监造任务编号	项目单位	工程名称	供应商	物料描述	监造数量	实际交货期
1		2016-02-2...	胡某	查看	Q11608001279	XX公司	XX220千伏输变电工程	XX公司	500kV单相油浸无励磁自耦变...	1台	
2		2016-02-2...	胡某	查看	Q11608001279	XX公司	XX220千伏输变电工程	XX公司	500kV单相油浸无励磁自耦变...	1台	
3		2016-02-2...	胡某	查看	Q11608001279	XX公司	XX220千伏输变电工程	XX公司	500kV单相油浸无励磁自耦变...	1台	
4		2016-02-2...	李某	查看	Q11607000686	XX公司	XX220千伏输变电工程	XX公司	110kV油浸有载变压器,50MVA...	2台	
5		2016-02-2...	刘某	查看	Q11607001079	XX公司	XX220千伏输变电工程	XX公司	110kV油浸有载变压器,50MVA...	1台	
6		2016-02-2...	刘某	查看	Q11607001081	XX公司	XX220千伏输变电工程	XX公司	110kV油浸有载变压器,50MVA...	1台	
7		2016-02-2...	刘某	查看	Q11607001041	XX公司	XX220千伏输变电工程	XX公司	110kV油浸有载变压器,50MVA...	1台	
8		2016-02-2...	刘某	查看	Q11607001039	XX公司	XX220千伏输变电工程	XX公司	110kV油浸有载变压器,50MVA...	1台	
9		2016-02-2...	卞某	查看	Q11608001184	XX公司	XX220千伏输变电工程	XX公司	220kV三相油浸有载变压器,2...	1台	
10		2016-02-2...	卞某	查看	Q11608001184	XX公司	XX220千伏输变电工程	XX公司	220kV三相油浸有载变压器,2...	1台	
11		2016-07-2...	李某	查看	Q11607000688	XX公司	XX220千伏输变电工程	XX公司	110kV油浸有载变压器,50MVA...	2台	
12		2016-07-2...	陈某	查看	Q11607000629	XX公司	XX220千伏输变电工程	XX公司	110kVGIS组合电器,40kA,架...	7间隔	
13		2016-07-2...	李某	查看	Q11607000577	XX公司	XX220千伏输变电工程	XX公司	500kV三相隔离开关,4000A,6...	2组	
14		2016-07-3...	朱某	查看	Q11607000828	XX公司	XX220千伏输变电工程	XX公司	110kV油浸有载变压器,50MVA...	1台	
15		2016-07-3...	朱某	查看	Q11607000830	XX公司	XX220千伏输变电工程	XX公司	110kV油浸有载变压器,50MVA...	1台	

图 5-5 监造总结查询

5.2 物资抽检管理

5.2.1 物资抽检管理概述

物资抽检是指项目单位或检测机构依据国家有关标准、企业相关标准、供货合同，利用检测设备、仪器，对所采购物资随机抽取进行有关项目检测，检验物资质量的活动。物资抽检管理是指对物资抽检组织、协调和控制等一系列过程的管理。电网企业的物资抽检范围覆盖公司采购的电网工程物资以及重要设备原材料、组部件等。电网企业通过逐步建立属地化物资质量检测体系，完善检测场所，缩短物资抽检检测时间，不断提升电网物资供应质量。

物资抽检是促进供应商改进质量的重要手段，不减轻供应商的质量责任，也不代替项目单位对物资的最终质量验收。对已经实施监造的物资，一般不再列入抽检范围。

物资抽检管理主要包括以下内容：

1. 制定抽检计划

抽检计划应全面覆盖电网企业年度招标采购的供应商及物资种类，按实际需求制定年度、月度、专项抽检计划，保证物资出产到用于项目现场的质量可控、在控。抽检计划所选取的物资须统筹考虑以往发现问题较多、故障率（质量原因引起的非计划停运）较高、有家族性缺陷、批次中标量较大、中标价格偏低、新入网以及采用了新技术、新材料、新部件、新工艺等方面。

2.　开展抽检工作

电网企业通过成立抽检小组开展抽检工作。抽检小组一般由熟悉抽检工作相关规定、标准和供应商产品结构、性能的抽检人员及监察（或监督）人员组成。抽检方式包括厂内抽检和厂外抽检两种。

厂内抽检是指在供应商生产制造现场实施的抽检工作。抽检人员在现场工作时，应严格遵守现场相关安全管理规定，做好各项防护措施，确保人身、设备安全。

厂外抽检是指电网企业在供应商生产制造现场以外实施的抽检工作，包括项目现场抽检、仓储地抽检、试验室检测（含送第三方检测）。

3.　处理抽检问题

对检测结果有异议的，可经电网企业、供应商双方协商进行复检，再次取样检测或由权威检测部门定性。

抽检发现质量问题后，电网企业物资管理部门应会同项目管理部门、运行管理部门根据问题性质严重程度采取相应措施，包括督促供应商进行现场修复、退换货并处违约罚款、处理供应商不良行为等。相关处理过程要有据可依，"合法、合规、合理"，供应商整改结果必须通过电网企业的验收。

对抽检发现的物资质量问题和处理方案，物资管理部门应以书面形式告知供应商、项目管理等部门。

4.　传递保存抽检信息

抽检信息传递的方式有月报、即时报等。电网企业物资管理部门应建立完善的物资质量抽检台账，加强抽检台账资料的管理，并做好统计、分析工作。

5.2.2　电网企业物资抽检管理流程

物资抽检管理流程主要涉及电网企业的物资管理部门和检测单位，总体流程如图5-6所示。

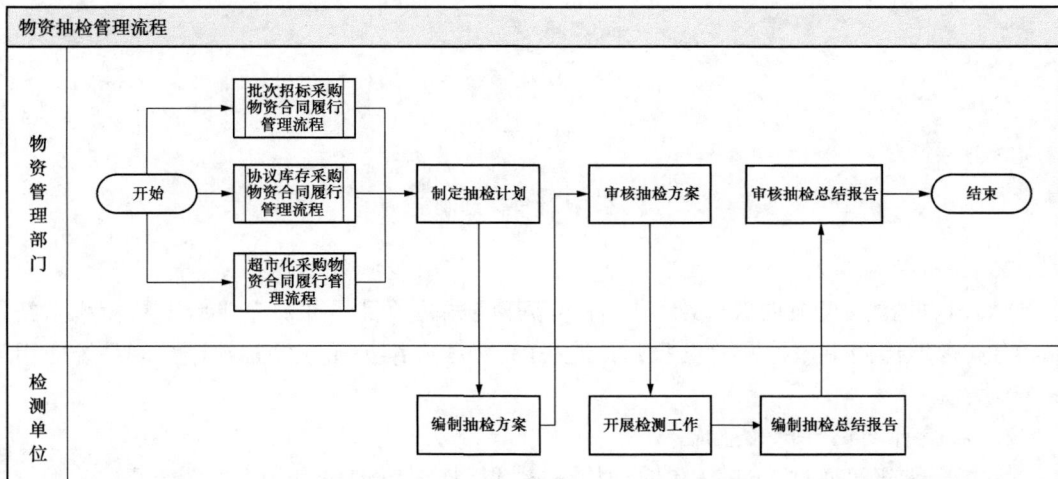

图 5-6　物资抽检管理流程

以上流程要点及各部门职责如下：

（1）物资管理部门根据批次招标采购物资合同履行管理流程、协议库存采购物资合同履行管理流程、超市化采购物资合同履行管理流程制定抽检计划，审核检测单位上报的抽检方案和抽检总结报告，并做好相关信息材料的保存工作。

（2）检测单位负责编制抽检方案并开展检测工作，编制检测报告上报给物资管理部门。

5.2.3　ERP MM 在物资抽检管理中的应用

电网企业在 ERP MM 中进行物资抽检管理，通过抽检计划编制、抽检任务执行情况查询、抽检报告管理等功能，实现物资类别与供应商的抽检全覆盖。

【应用案例 5-2】　某电网企业对某 220kV 输变电工程采购的玻璃绝缘子进行抽检，物资管理部门制定抽检计划，采用送样抽检的方式委托第三方检测机构 E 公司开展抽检。E 公司抽检人员针对玻璃绝缘子开展外观尺寸、镀锌层质量、击穿耐受试验等检测项目。抽检完成后向电网企业出具抽检总结报告，物资管理部门对抽检总结报告进行审核，整个抽检工作完成。

1. 抽检计划制定

物资管理部门根据采购合同、供应计划等信息在 ERP MM 中编制抽检计划，抽检计划的内容包括批次号、项目名称、物资种类及数量、供应商、实施单位和时间、重点检测项目及抽检方式等，抽检计划经过审核后下发。系统应用如图 5-7 所示。

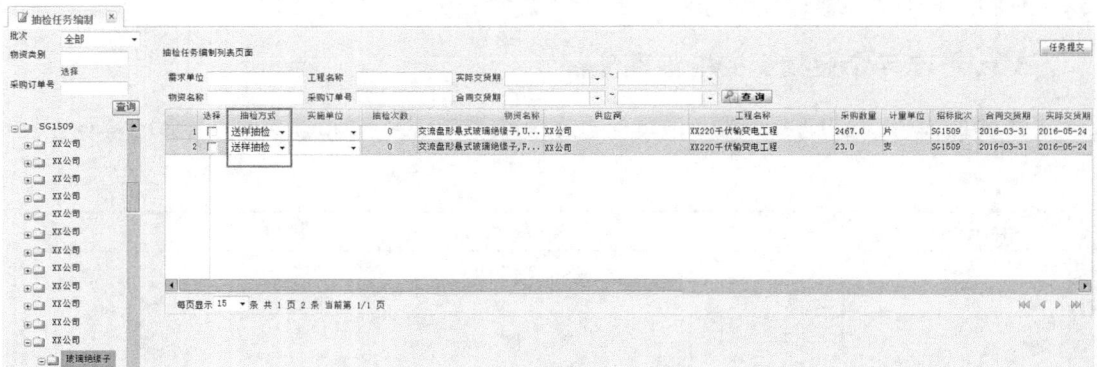

图 5-7　抽检计划制定

2. 抽检结果录入

E 公司抽检人员根据玻璃绝缘子的样品开展试验项目，抽检完成后出具检测总结报告。物资管理部门审核检测总结报告后在 ERP MM 中维护相应的抽检结果。系统应用如图 5-8 所示。

3. 抽检计划执行情况查询

物资管理部门通过 ERP MM 的抽检任务执行情况查询报表，可以及时了解各类物资抽检计划的执行情况，保证抽检计划的顺利开展。系统应用如图 5-9 所示。

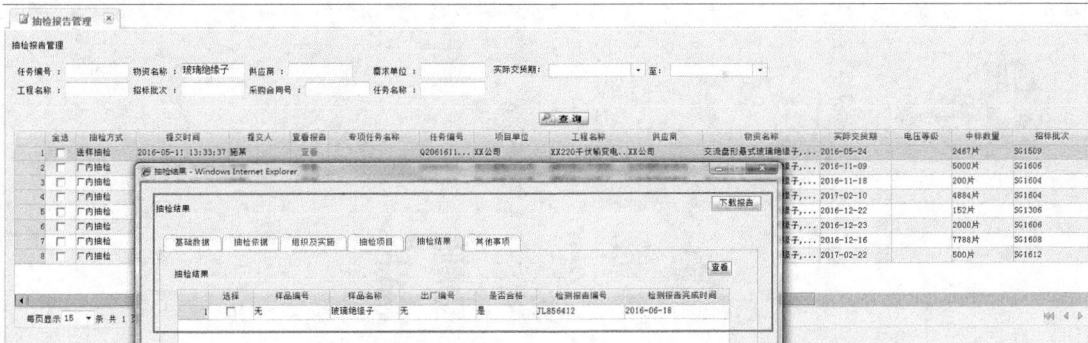

图 5-8 抽检结果录入

图 5-9 抽检计划执行情况查询

6

物资仓储管理

　　物资仓储是指对物资的储存、保管、配送，是组织物资流通不可缺少的重要环节。物资仓储管理是指对仓库、物资作业等一系列活动的总称，包括仓储规划建设、库存物资管理、安全管理等工作。电网企业统筹规划仓储网络，整合仓储资源，通过深化 ERP MM 应用，全面、实时掌握企业库存资源，实现库存物资"一本账"，形成"合理储备、加快周转、保质可用、永续盘存"的管理机制。本章主要阐述仓库标准化管理、物资库存管理、物资配送管理的相关概念及其业务流程，并通过 ERP MM 的仓储管理功能，实现仓库标准化管理、物资作业规范化管理，满足日常电网建设、运行的需要。

6.1　仓库标准化管理

6.1.1　仓库标准化管理概述

　　仓库标准化是指对仓储物资、场地、作业流程等制定统一的标准并实施的整个过程。实施仓库标准化管理，准确提供存储物资信息，提高仓库运作效率，有利于支撑企业生产和辅助市场经营，是实现仓储服务和费用成本之间经济平衡的基础。仓库标准化管理主要包括仓库功能区域设置、仓库库区定置、仓库功能设施配置、仓库信息化应用等内容。

　　1. 仓库功能区域设置

　　按照功能定位，仓库分为中心库、周转库、仓储点和专业仓储点 4 大类。如表 6-1 所示。

表 6-1　　　　　　　　　　　　　　电网企业仓库分类表

仓库类型	功　能　定　位
中心库	仓储网络枢纽，负责区域通用物资资源的集中储存与配送，向周转库、仓储点进行补库
周转库	仓储网络的中转，承担所属范围内运维物资、备品备件、废旧物资、可用退役资产等储存任务
仓储点	承担所属范围内的运维物资、备品备件等储存任务
专业仓储点	临时储存领用后的备品备件、日常检修用物资、电能计量器具、用电信息采集设备等

2．仓库库区设置

各级仓库根据业务需要设置仓储区和作业区。仓储区包括室内货架区、室内堆放区、室外料棚区、室外露天区；作业区包括装卸区、入库待检区、收货暂存区、不合格品暂存区、出库（配送）理货区、仓储装备区等。

3．仓库功能设施配置

以安全、实用为原则，在仓库内配置必要的仓储功能设施，满足专业仓储作业需要。中心库、周转库室内货架以横梁式货架和悬臂式货架为主，线缆类物资可采用线缆盘储存货架。仓储点室内货架以搁板式货架为主，零星散件物资采用托盘或周转箱保管。各类仓库建议配置功能设施的种类和数量如表 6-2 所示。

表 6-2　　　　　　　　　　各类仓库功能设施配置参照表

仓库类型	仓库规模（m²）	横梁式货架（组）	悬臂式货架（组）	线缆盘架（组）	搁板式货架（组）	托盘（个）	周转箱（只）
中心库	30000	650	300	210	0	5360	300
	20000	450	160	120	0	3710	200
	10000	200	80	50	0	1650	100
周转库	8000	188	64	45	0	1550	100
	5000	135	48	30	0	1110	60
仓储点	1000	0	16	6	40	0	60
	500	0	12	4	20	0	40

4．仓库信息化应用

通过设定统一的仓库设施分类与编码规则，实现对仓库设施的规范管理。通过在信息系统中固化仓库作业流程，实现对仓库物资活动的全过程在线追踪与统计分析。

6.1.2　电网企业仓库标准化管理流程

仓库标准化管理流程主要涉及物资管理部门，总体流程如图 6-1 所示。

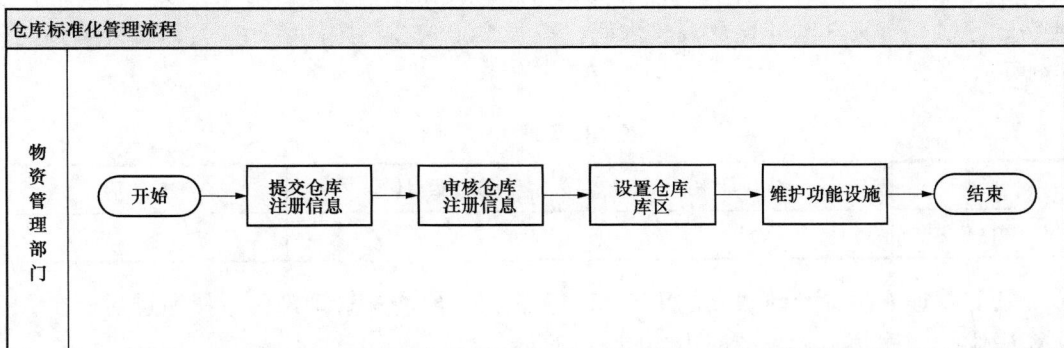

图 6-1　仓库标准化管理流程

以上流程要点及各部门职责如下：

（1）物资管理部门仓储管理人员提交新增仓库的名称、地址、面积及库存地点等信息，经审核无误后实施统一注册管理；根据业务需要对库区定置进行设置和信息维护；维护仓储功能设施（货架、托盘等）信息。

6.1.3　ERP MM 在仓库标准化管理中的应用

电网企业通过 ERP MM 的仓库结构信息管理功能，基于统一设置的仓储编码规则，对库存地点、库房、库区、货架、货位等进行设置，提高物资收、发效率，方便仓储物资的检查监督和盘存统计，确保账、卡、物三者的一致性，实现物资存储的精益化管理。

【应用案例 6-1】　某电网企业地处台风、雷击等自然灾害多发地区，为促进库存物资周转，降低各仓库的库存，更好地保障物资供应，新建了一个中心库。在正式投入使用前，对仓库的库房、货架、货位、容器等基础设施进行规范化编码，实现电网企业仓库标准化管理。

1．仓库信息维护

电网企业 ERP MM 中的仓库编码分为实体库编码和虚拟库编码，仓库编码共 4 位。

（1）实体库编码。实体库编码是指在 ERP MM 中对有实体的仓库设置编码。实体库编码中，第 1 位代表电网企业的公司所属，用于区分集团下不同的电网企业；第 2 和 3 位代表公司代码，第 4 位为自定义的数字流水码，通过查看实体库编码，业务人员可以直观了解仓库的类型、仓库所属单位等基础信息。具体编码规则如表 6-3 所示。

表 6-3　　　　　　　　　实体库编码规则

项目	公司所属	公司代码	流水码
位数（位）	1	2	1

（2）虚拟库编码。虚拟库编码是指在 ERP MM 中对无实体、逻辑上的仓库设置的编码。在虚拟库编码中，第 1 位为虚拟库代码"9"，用于区分实体库与虚拟库；第 2 位代表虚拟库类型代码，主要包括项目直发、供应商代保管、物资借用、非项目直发等，按数字顺序赋码；第 3 与 4 位代表流水码，按照"00～ZZ"顺序赋码。具体编码规则如表 6-4 所示。

表 6-4　　　　　　　　　虚拟库编码规则

项目	虚拟库代码	虚拟库类型代码	流水码
位数（位）	1	1	2

仓储管理人员提交新成立的中心库相关信息，经物资管理部门审核通过后，在 ERP MM 中维护仓库信息。系统应用如图 6-2 所示。

图 6-2　仓库信息维护

2. 库房信息维护

中心库由不同的建筑房屋和楼层构成，仓储管理人员在 ERP MM 中通过维护库房类型和库房描述来区分库房信息。系统应用如图 6-3 所示。

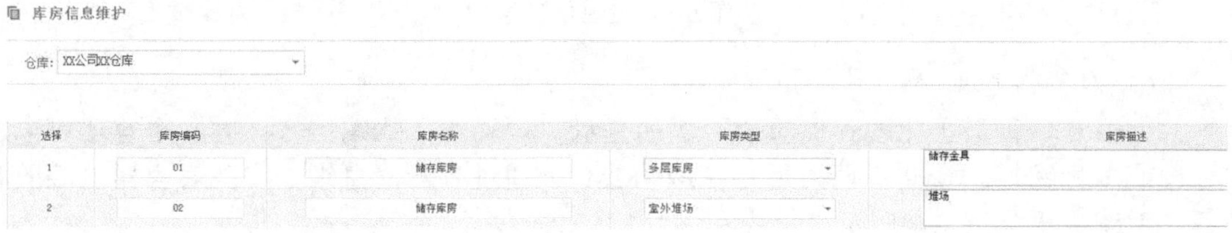

图 6-3　库房信息维护

3. 库区信息维护

库区是实现某种特定功能的区域场地。在中心库的一个库房里，可以划定各个区域的功能作用。例如，划定不合格品区用于存放不合格的物资。系统应用如图 6-4 所示。

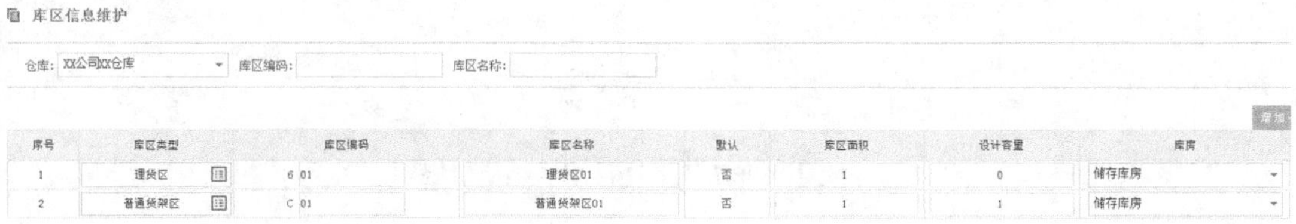

图 6-4　库区信息维护

4. 货架信息维护

货架泛指存放货物的架子。同一个库区中，可能存在多排货架单元。仓储管理人员在 ERP MM 中通过维护货架编码进行区分。系统应用如图 6-5 所示。

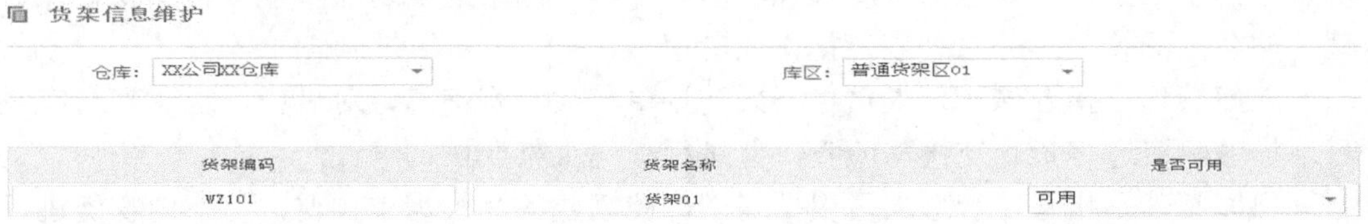

图 6-5　货架信息维护

5. 货位信息维护

货位是指对货架进一步细分的存储空间。同一个货架中，可以具备多个货位。仓储管理人员可通过货位信息精确定位物资的存放位置。系统应用如图 6-6 所示。

图 6-6　货位信息维护

6. 容器信息维护

容器是一种最小化的存储单位，例如托盘、周转箱、线编篮等。同一个容器可以放一种或多种物料。仓储管理人员在 ERP MM 中通过容器信息维护实现对容器资源的管理。系统应用如图 6-7 所示。

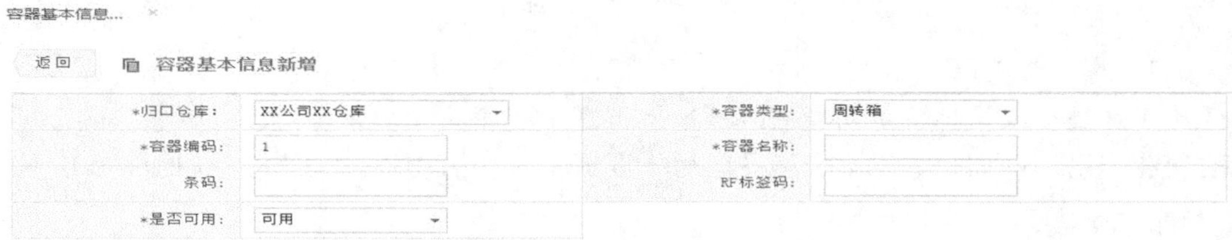

图 6-7　容器信息维护

6.2　物资库存管理

6.2.1　物资库存管理概述

物资库存是指企业在生产经营过程中为现在和将来的耗用或者销售而储备的资源。物资库存管理是指对这类资源进行组织、协调和控制的一系列活动，使其储备保持在经济合理的水平上，主要包括入库管理、出库管理、结余物资退库管理、在库物资保管管理、储备定额管理等一系列规范化作业管理。

入库管理是指仓储管理人员根据采购订单相关物资信息，对供应商送达到仓库或项目现场的物资进行货物交接与验收，并进行登记上架。

出库管理是指仓储管理人员根据需求部门创建的物资需求预留，将库内物资进行下架拣配出库。

结余物资退库管理是指项目施工单位清点项目实际使用的物资清单。对结余物资进行可用性鉴定，确实可用的，编制结余物资退库申请表，经双方确认后，仓库管理人员依据结余物资退库申请表、鉴定表将质量完好的物资入库，保证系统领用数量与实际工程耗用情况相符。

在库物资保管管理包括账物一致性管理，在库物资储存日期、保质期检查，按时开展盘点业务，按需开展物资调拨、移库业务。

储备定额物资是指仓库库存常年储备一定量的生产运维物资、应急救灾物资，以满足电网日常运行维护和紧急情况所需。储备定额管理遵循"科学合理、动态管理、定期分析、滚动调整"的原则，主要包括储备定额编制和储备定额修订管理。

（1）储备定额编制是指通过规范管理和优化配置，在满足日常安全生产物资供应的前提下合理设置库存定额，逐步建立起保证及时供应、提升效益的物资储备结构。

（2）储备定额修订是指在日常管理中结合领用需求和供应情况及时调整、修正定额。

6.2.2　电网企业物资库存管理流程

1. 物资入库管理流程

物资入库管理流程主要涉及物资管理部门和供应商，总体流程如图 6-8 所示。

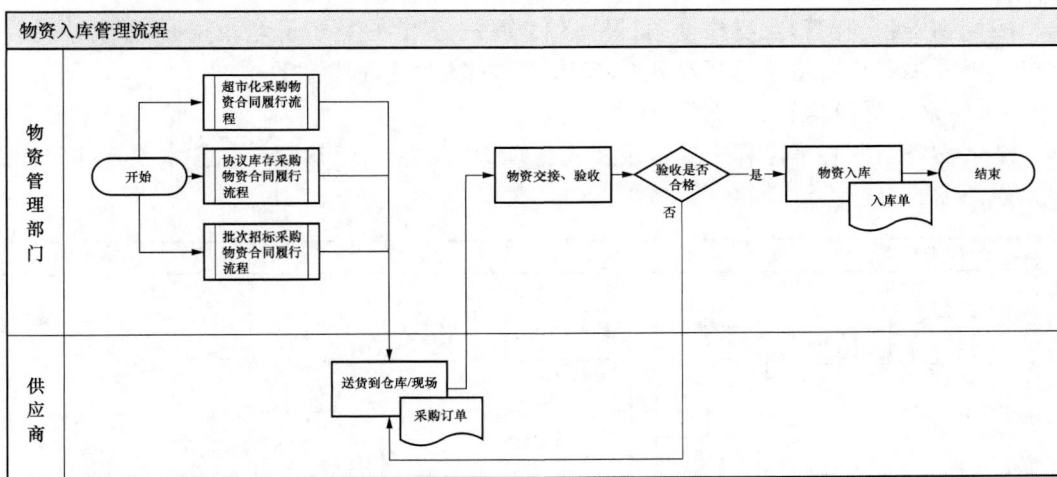

图 6-8　物资入库管理流程

以上流程要点及各部门职责如下：

（1）物资管理部门负责执行各类合同履行流程，根据合同约定交货期，通知供应商送货；在收到货物后，物资管理部门组织人员进行货物的交接与验收，若货物验收合格，仓储管理人员根据合同信息进行货物和系统入库，打印入库单，并签字确认；若验收不合格，则将物资退还给供应商。

（2）供应商根据合同信息送货到仓库或现场，配合电网企业开展物资交接与验收工作。

2. 物资出库管理流程

物资出库管理流程主要涉及需求部门和物资管理部门，总体流程如图 6-9 所示。

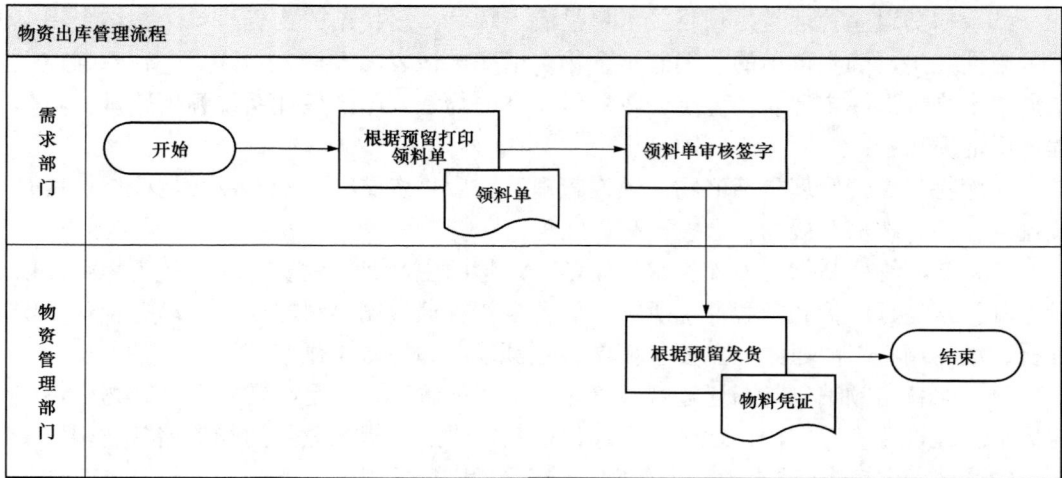

图 6-9　物资出库管理流程

以上流程要点及各部门职责如下：

（1）需求部门负责根据预留信息打印领料单，并经相关人员审核、签字确认后提交物资管理部门仓储管理人员进行物资领用。

（2）物资管理部门负责根据领料单核对物资名称、规格、计量单位、领用数量，与物资领用人员清点交接，及时在领料单上填写实发数并进行签字。

3．结余物资退库管理流程

结余物资退库管理流程主要涉及实物管理部门、物资管理部门和技术鉴定部门，总体流程如图 6-10 所示。

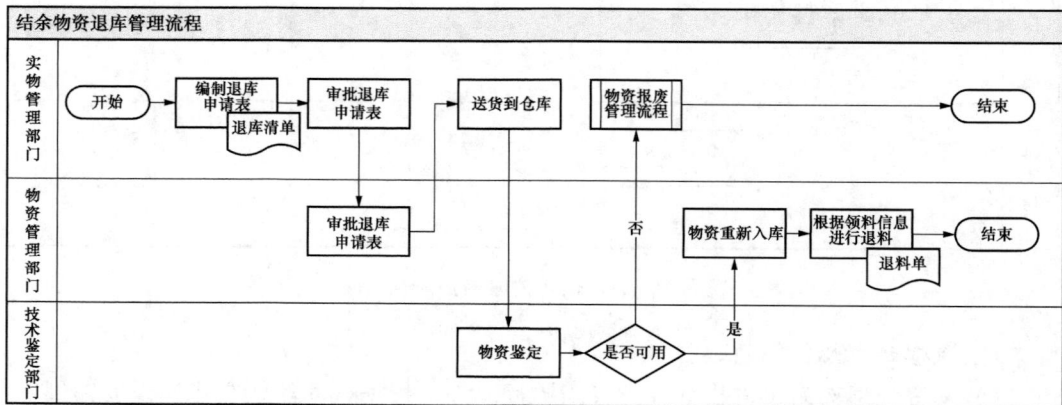

图 6-10　结余物资退库管理流程

以上流程要点及各部门职责如下：

（1）实物管理部门根据物料消耗情况编制结余物资退库申请表，并提交至本部门领导和物资管理部门领导审批确认；审批通过后将结余物资送到物资管理部门仓储管理人员；接收鉴定为不可利用的结余物资，发起物资报废管理流程。

（2）物资管理部门对实物管理领导审批通过的结余物资退库申请表进行审批；仓储管理人员将鉴定完好的货物完成重新入库后，及时在系统内完成退料操作。

（3）技术鉴定部门对收到的结余物资进行鉴定，若货物完好则通知仓储管理人员进行重新入库操作，货物不完好则退回实物管理部门。

6.2.3　ERP MM 在物资库存管理中的应用

电网企业通过 ERP MM 中库存是否带有项目信息来区分普通库与项目库。通过移动类型来标识物料在仓库、项目现场的移动情况，移动类型是对库存业务的分类，主要的物料移动（收发转盘等）都会有对应的移动类型。ERP MM 通用的移动类型如表 6-5 所示。

表 6-5　　　　　　　　　　　通 用 移 动 类 型 列 表

序号	移动类型	业务应用场景
1	101	适用于各类采购物资直接收货到正常使用仓库的业务
2	102	适用于物资入库后由于项目变更、业务操作错误等原因导致需要冲销入库凭证的业务
3	103	适用于各类采购物资收货到质检仓库的业务
4	105	适用于采购物资从质检仓库收货到正常使用仓库的业务
5	201	适用于成本中心的物资领用业务
6	261	适用于大修项目的物资领用业务
7	281	适用于基建、技改等项目的物资领用业务
8	301	适用于物资在同法人不同单位之间的调拨业务
9	311	适用于物资在同个单位不同库存地点之间的移动业务
10	411	适用于物资在同单位中从项目库移库到普通库的业务
11	415	适用于物资在同单位中从普通库移库到项目库、项目库之间转移等业务
12	553	适用于物资报废出库业务
13	556	适用于废旧物资入库业务
14	601	适用于物资销售出库业务
15	701	适用于库存盘点差异过账业务

已建立标准化仓库的电网企业，还可通过 ERP MM 中的实物管理功能实现对物资的上架、下架与拣配等仓库作业。

【应用案例 6-2】　仓储物资日常管理应用

某电网企业建设 220kV 输变电工程，采购接地线、绝缘子、铁塔等物资。供应商依据签订的合同，在交货期内组织送货到指定的交货地点。针对接地线、安全工具柜等送货到仓库的物资，物资管理部门与供应商进行物资到货交接与外观验收，验收完成后，物资管理部门将接地线存放在仓库特定的货架上，并通知需求部门开展接地线领用；针对铁塔、变压器等送货到项目现场的物资，物资管理部门会同项目管理部门一起与供应商开展物资验收。项目管理部门根据项目进度开展物资领用。物资管理部门通过定期开展物资盘点与查看物资出入库报表掌握各类物资的库存情况。

1. 物资采购入库管理

对于直接采购进入仓库的物资，根据入库管理相关要求，物资管理部门与供应商办理交接与验收，验收合格后各方参与人员在《货物交接单》上签字确认。仓储管理人员根据《货物交接单》在 ERP MM 中开展收货记账。系统应用如图 6-11 所示。

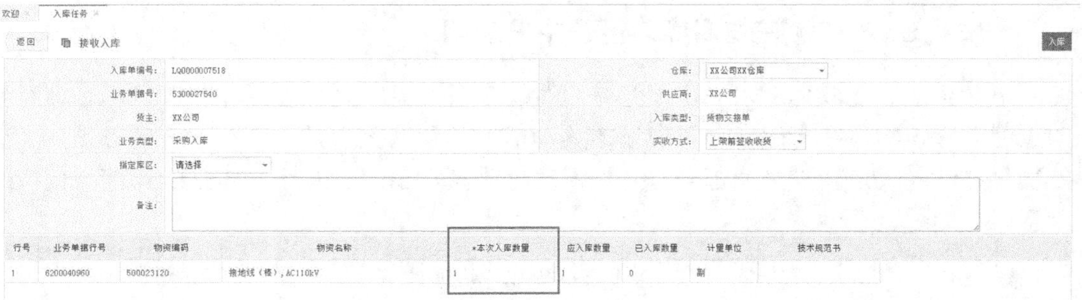

图 6-11 根据货物交接单进行入库

过账后 ERP MM 自动产生物料凭证与财务凭证。系统应用如图 6-12 所示。

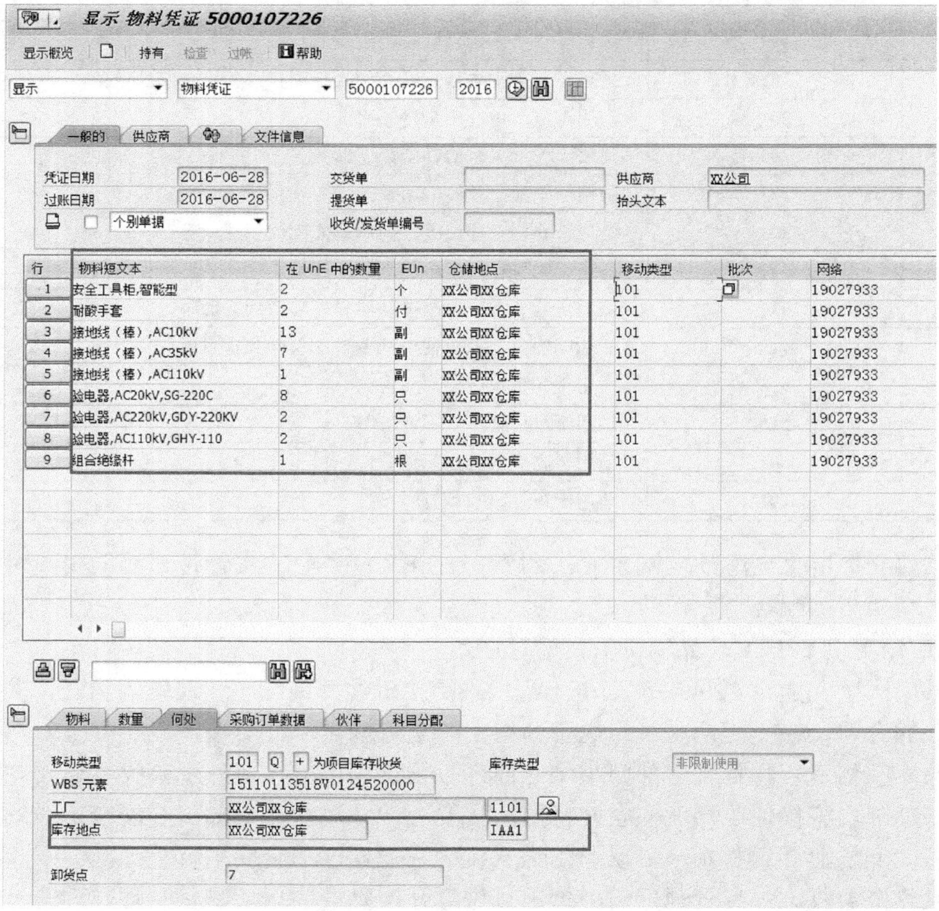

图 6-12 查看物资收货到仓库的物料凭证信息

物资入库后，需要将物资存放在特定的位置上。在 ERP MM 中可以自动分配库位，引导仓储管理人员快速地对物资进行上架处理。系统应用如图 6-13 所示。

图 6-13　入库货位分配

对于送货到现场的物资，各方验收合格后，仓储管理人员在 ERP MM 中开展收货记账。系统应用如图 6-14 所示。

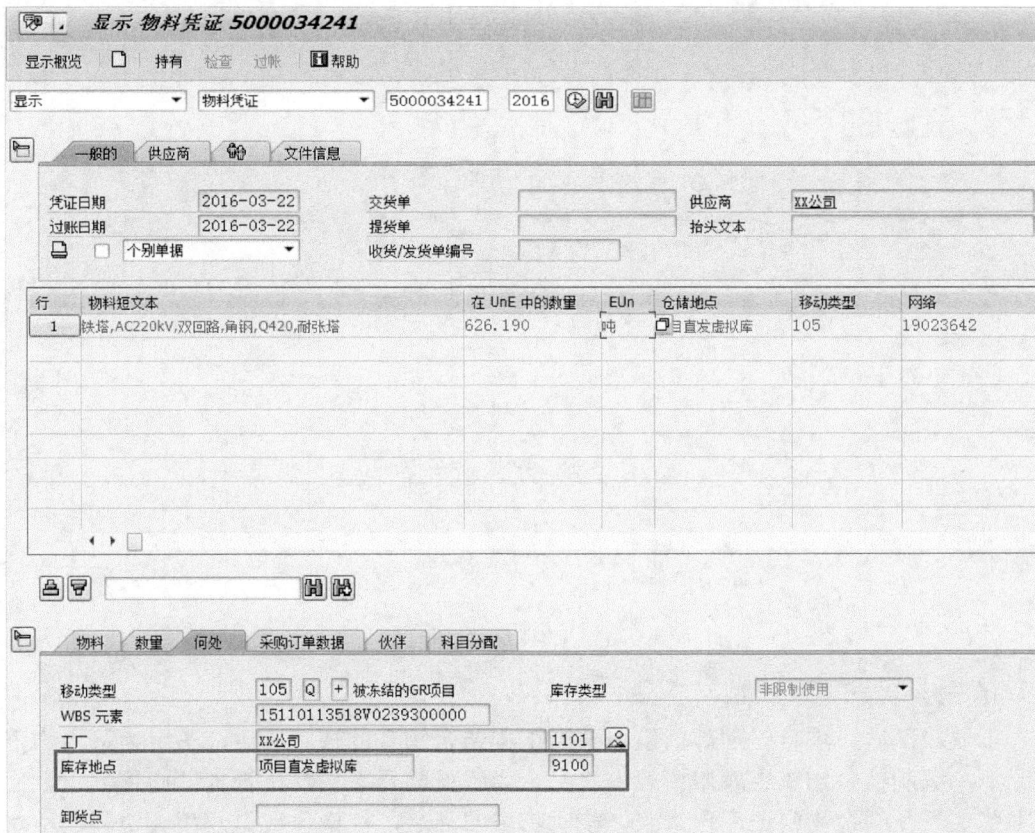

图 6-14　查看物资收货到现场的物料凭证信息

2. 库存查询

物资管理部门在 ERP MM 中通过库存查询报表查看某 220kV 输变电工程各类物资库存情况，及时通知需求部门开展物资领用。系统应用如图 6-15 所示。

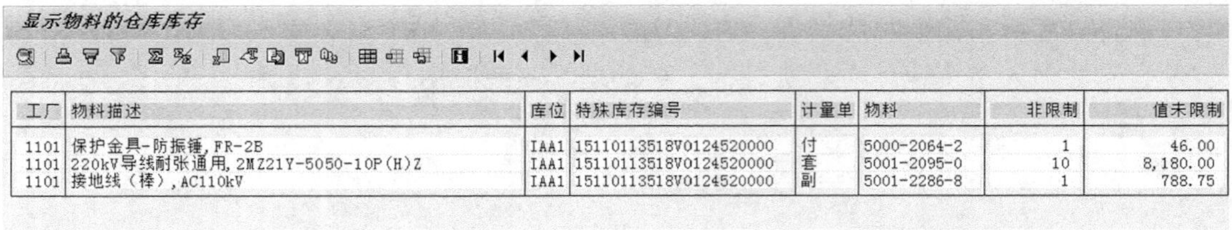

工厂	物料描述	库位	特殊库存编号	计量单	物料	非限制	值未限制
1101	保护金具-防振锤,FR-2B	IAA1	15110113518V0124520000	付	5000-2064-2	1	46.00
1101	220kV导线耐张通用,2MZ21Y-5050-10P(H)Z	IAA1	15110113518V0124520000	套	5001-2095-0	10	8,180.00
1101	接地线(棒),AC110kV	IAA1	15110113518V0124520000	副	5001-2286-8	1	788.75

图 6-15 某 220kV 输变电工程物资库存查询

3. 物资领料出库管理

项目管理部门根据项目施工进度,需要领用某型号接地线(棒),仓储管理人员根据项目管理部门提交的领料单,在核对物料编码、物料描述、规格型号、数量等信息无误后,将所需物资从货位上下架,并交接给领料人员。物资发货完毕后,及时在 ERP MM 中做发货记账。系统应用如图 6-16、图 6-17 所示。

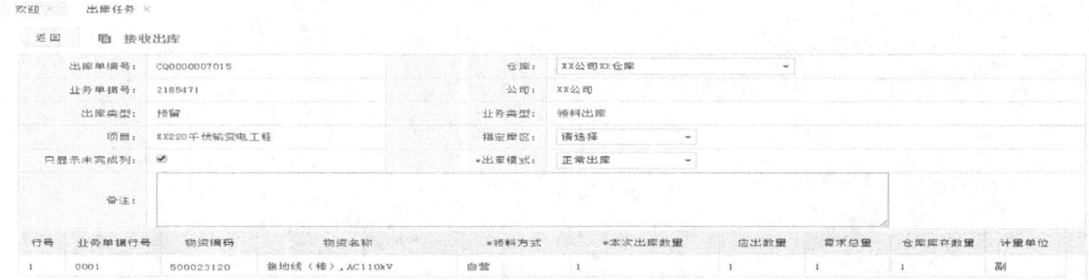

图 6-16 根据预留生成出库任务

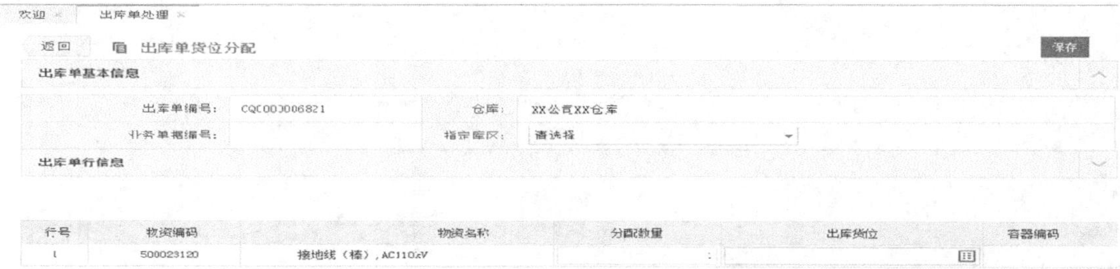

图 6-17 选择货位进行出库

4. 结余物资退库管理

工程竣工后,项目管理部门组织开展工程结余物资的技术鉴定,鉴定为可用物资的情况下,编制结余物资退库申请表,将结余物资退回仓库。物资管理部门依据审批后的技术鉴定表及结余物资退库申请表,核对物资的品名、规格、数量及相关资料,核对无误后办理结余物资入库。系统应用如图 6-18 所示。

5. 物资盘点管理

库存盘点遵循"永续盘存"原则,库存盘点主要检查账、卡、物是否一致、质量状况是否良好、是否有长期积压物资等情况。仓储管理人员定期开展库存盘点,如实输入盘点结果,做好盘点记录工作。例如,某单位 2016 年第二季度末组织开展库存盘点工作,某型号绝缘子的数量盘点结果为 160 片。系统应用如图 6-19 所示。

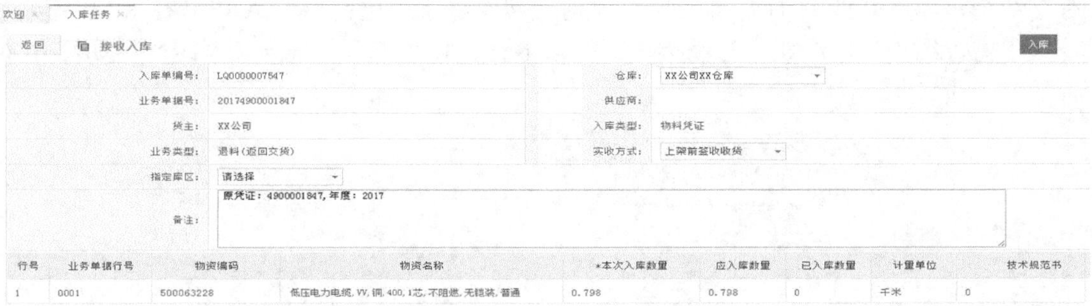

图 6-18 结余物资退库

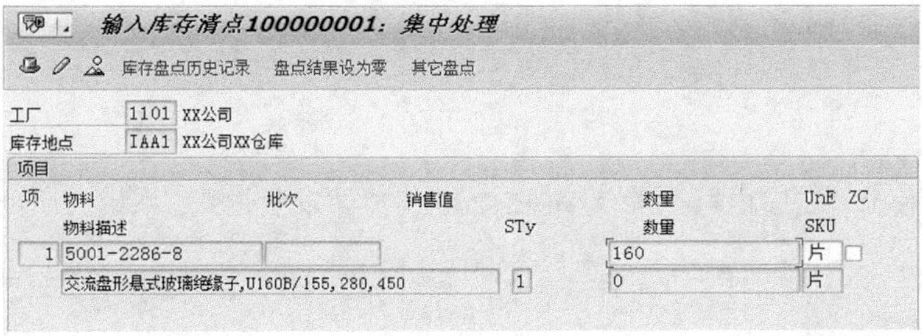

图 6-19 盘点结果录入

库存盘点后，如果盘点数量与账面数量存在差异，物资管理部门将会同财务管理部门，分析盘点差异原因，提出处理意见，编制盘点差异报告，经本单位领导审批通过后，由财务管理部门进行账务处置。系统应用如图 6-20 所示。

图 6-20 盘点差异过账

6. 物资调拨管理

某电网企业 A 物资有结余，可用于调拨，此时集团内其他电网企业 B 可申请进行物资调拨。B 单位事先与 A 单位仓储管理人员进行沟通，确保所需物资符合要求后提出调拨申请，A 单位内部审批之后实施物资调拨。例如，电网企业 A 某型号绝缘子物资盘点后有结余，电网企业 B 向电网企业 A 申请调拨绝缘子，电网企业 A 在 ERP MM 中创建转储预留，维护物料编码、移动类型、需求数量、收货工厂等信息。系统应用如图 6-21 所示。

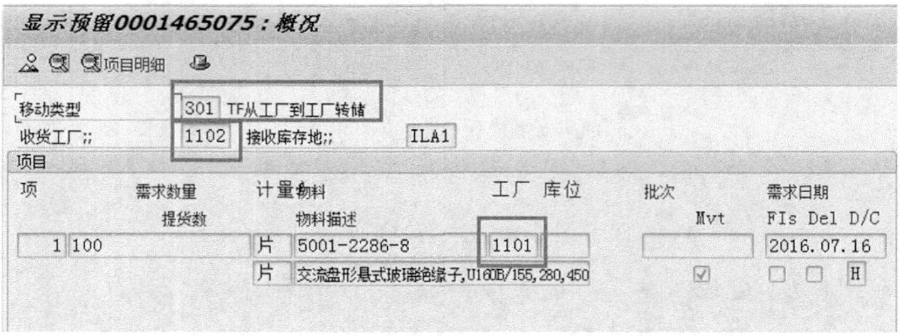

图 6-21　转储预留信息维护

绝缘子实际调拨后，电网企业 A 在 ERP MM 中做发货过账。系统应用如图 6-22 所示。

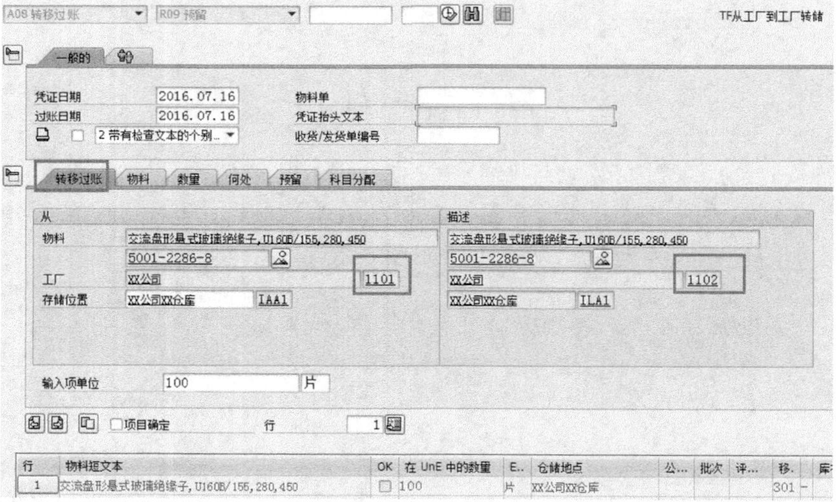

图 6-22　根据转储预留发货

7. 物资移库管理

当遇到项目进度变更时，需提前进行物资领用。若专门为该项目采购的物资不能满足项目物资领用需求时，为保证物资及时供应，仓储管理人员可将其他项目库或者普通库（非项目库）的物资先移库到该项目库中。系统应用如图 6-23 所示。

当遇到台风、暴雨、冰雪等自然灾害天气导致电网故障时，电网企业必须第一时间组织开展应急抢修，抢修施工部门可从就近的实体库借出物资用于抢修施工，此时仓储管理人员在 ERP MM 中可采用上述方式，将物资由实体库先移库至借用物资虚拟库，后续物资归还后再在 ERP MM 中将物资从借用虚拟库移回至实体库中。

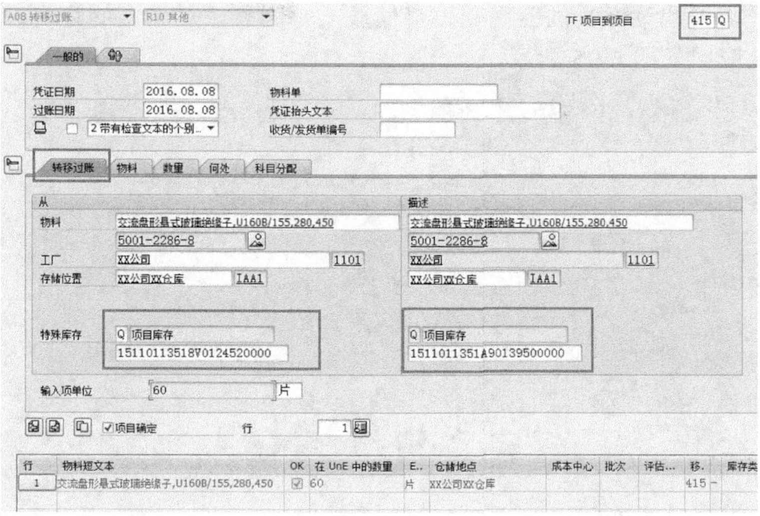

图 6-23 物资移库查询

8. 物资出入库查询

物资管理部门与其他相关业务管理部门可通过物资出入库查询报表了解各类物资的到货、领用、移库等情况。系统应用如图 6-24 所示。

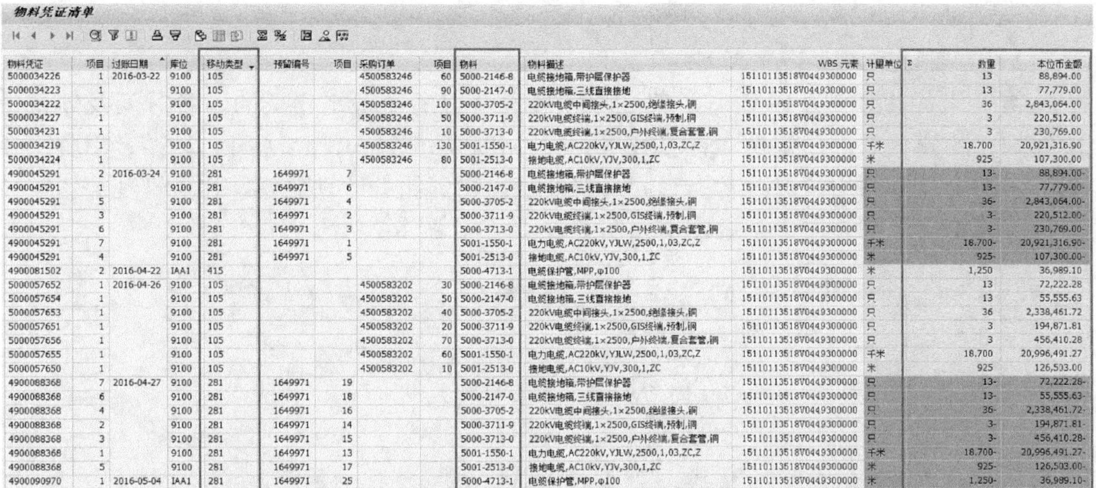

物料凭证清单

物料凭证	项目	过账日期	库位	移动类型	预留编号	项目	采购订单	项目	物料	物料描述	WBS 元素	计量单位	Σ	数量	本位币金额
5000034226	1	2016-03-22	9100	105			4500583246	60	5000-2146-8	电缆接地箱,带护层保护器	15110113518V0449300000	只		13	88,894.00
5000034223	1		9100	105			4500583246	90	5000-2147-0	电缆接地箱,三线直接接地	15110113518V0449300000	只		13	77,779.00
5000034222	1		9100	105			4500583246	100	5000-3705-2	220kV电缆中间接头,1×2500,绝缘接头,铜	15110113518V0449300000	只		36	2,843,064.00
5000034227	1		9100	105			4500583246	50	5000-3711-9	220kV电缆终端,1×2500,GIS终端,预制,铜	15110113518V0449300000	只		3	220,512.00
5000034231	1		9100	105			4500583246	10	5000-3713-0	220kV电缆终端,1×2500,户外终端,复合套管,铜	15110113518V0449300000	只		3	230,769.00
5000034219	1		9100	105			4500583246	130	5001-1550-1	电力电缆,AC220kV,YJLW,2500,1,03,ZC,Z	15110113518V0449300000	千米		18.700	20,921,316.90
5000034224	1		9100	105			4500583246	80	5001-2513-0	接地电缆,AC10kV,YJV,300,1,ZC	15110113518V0449300000	米		925	107,300.00
4900045291	2	2016-03-24	9100	281	1649971	7			5000-2146-8	电缆接地箱,带护层保护器	15110113518V0449300000	只		13-	88,894.00-
4900045291	1		9100	281	1649971	6			5000-2147-0	电缆接地箱,三线直接接地	15110113518V0449300000	只		13-	77,779.00-
4900045291	5		9100	281	1649971	4			5000-3705-2	220kV电缆中间接头,1×2500,绝缘接头,铜	15110113518V0449300000	只		36-	2,843,064.00-
4900045291	3		9100	281	1649971	2			5000-3711-9	220kV电缆终端,1×2500,GIS终端,预制,铜	15110113518V0449300000	只		3-	220,512.00-
4900045291	6		9100	281	1649971	3			5000-3713-0	220kV电缆终端,1×2500,户外终端,复合套管,铜	15110113518V0449300000	只		3-	230,769.00-
4900045291	7		9100	281	1649971	1			5001-1550-1	电力电缆,AC220kV,YJLW,2500,1,03,ZC,Z	15110113518V0449300000	千米		18.700-	20,921,316.90-
4900045291	4		9100	281	1649971	5			5001-2513-0	接地电缆,AC10kV,YJV,300,1,ZC	15110113518V0449300000	米		925-	107,300.00-
4900081502	2	2016-04-22	IAA1	415					5000-4713-1	电缆保护管,MPP,φ100	15110113518V0449300000	米		1,250	36,989.10
5000057652	1	2016-04-26	9100	105			4500583202	30	5000-2146-8	电缆接地箱,带护层保护器	15110113518V0449300000	只		13	72,222.28
5000057654	1		9100	105			4500583202	50	5000-2147-0	电缆接地箱,三线直接接地	15110113518V0449300000	只		13	55,555.63
5000057653	1		9100	105			4500583202	40	5000-3705-2	220kV电缆中间接头,1×2500,绝缘接头,铜	15110113518V0449300000	只		36	2,338,461.72
5000057651	1		9100	105			4500583202	20	5000-3711-9	220kV电缆终端,1×2500,GIS终端,预制,铜	15110113518V0449300000	只		3	194,871.81
5000057656	1		9100	105			4500583202	70	5000-3713-0	220kV电缆终端,1×2500,户外终端,复合套管,铜	15110113518V0449300000	只		3	456,410.28
5000057655	1		9100	105			4500583202	60	5001-1550-1	电力电缆,AC220kV,YJLW,2500,1,03,ZC,Z	15110113518V0449300000	千米		18.700	20,996,491.27
5000057650	1		9100	105			4500583202	10	5001-2513-0	接地电缆,AC10kV,YJV,300,1,ZC	15110113518V0449300000	米		925	126,503.00
4900088368	7	2016-04-27	9100	281	1649971	19			5000-2146-8	电缆接地箱,带护层保护器	15110113518V0449300000	只		13-	72,222.28-
4900088368	6		9100	281	1649971	18			5000-2147-0	电缆接地箱,三线直接接地	15110113518V0449300000	只		13-	55,555.63-
4900088368	4		9100	281	1649971	16			5000-3705-2	220kV电缆中间接头,1×2500,绝缘接头,铜	15110113518V0449300000	只		36-	2,338,461.72-
4900088368	2		9100	281	1649971	14			5000-3711-9	220kV电缆终端,1×2500,GIS终端,预制,铜	15110113518V0449300000	只		3-	194,871.81-
4900088368	3		9100	281	1649971	15			5000-3713-0	220kV电缆终端,1×2500,户外终端,复合套管,铜	15110113518V0449300000	只		3-	456,410.28-
4900088368	1		9100	281	1649971	13			5001-1550-1	电力电缆,AC220kV,YJLW,2500,1,03,ZC,Z	15110113518V0449300000	千米		18.700-	20,996,491.27-
4900088368	5		9100	281	1649971	17			5001-2513-0	接地电缆,AC10kV,YJV,300,1,ZC	15110113518V0449300000	米		925-	126,503.00-
4900090970	1	2016-05-04	IAA1	281	1649971	25			5000-4713-1	电缆保护管,MPP,φ100	15110113518V0449300000	米		1,250-	36,989.10-
5000067021	1	2016-05-12	9100	105			4500597254	10	5000-6322-8	低压电力电缆,VV,铜,400,1芯,不阻燃,无铠装,普通	15110113518V0449300000	千米		12.200	1,598,200.00
4900174332	1	2016-07-04	9100	281	1649971	21			5000-6322-8	低压电力电缆,VV,铜,400,1芯,不阻燃,无铠装,普通	15110113518V0449300000	千米		11.850-	1,552,350.00-
4900174302	1		9100	415					5000-6322-8	低压电力电缆,VV,铜,400,1芯,不阻燃,无铠装,普通	15110113518V0449300000	千米		0.350-	45,850.00-

图 6-24 某 220kV 输变电工程 2016 年物资出入库情况

【应用案例 6-3】 储备定额管理应用

某电网企业在保证生产正常进行所必需的物资储备基础上，为降低库存资金占用，对部分仓库物资采用储备定额的方式进行管理。现有某类型的工作鞋发放给员工后，库存数量低于设定的储备定额水平，物资管理部门及时提报物资储备计划，实施采购补库。

1. 储备定额设置

专业管理部门会同物资管理部门综合考虑历史库存消耗量、使用寿命、库存存量等状况，统筹平衡采购策略、供应周期、存储成本等因素，对不同的物资设定不同的储备定额量。系统应用如图 6-25 所示。

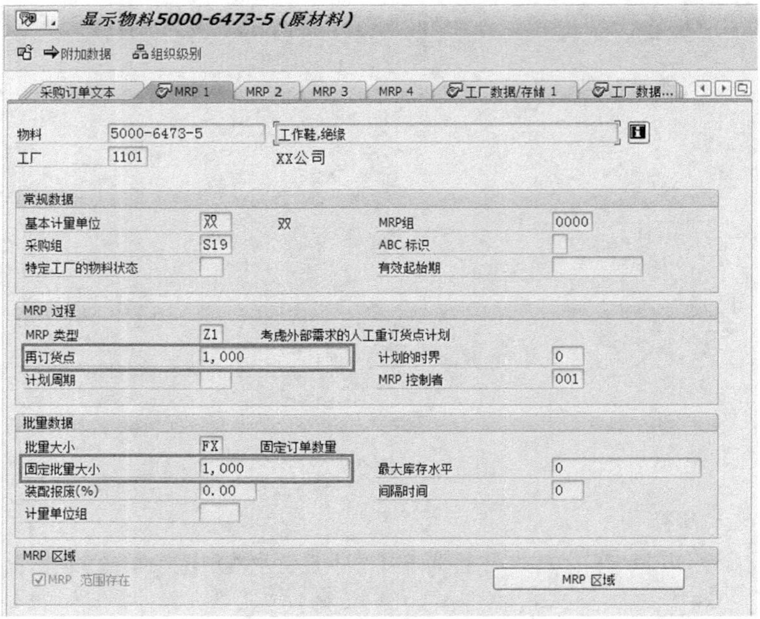

图 6-25 物资储备定额设定

2. 定期补库

物资储备计划是反映生产经营过程和应急情况所需特定物资的储备时间及储备量的计划。物资管理部门定期运行 ERP MM 中 MRP 功能，ERP MM 将自动结合物资库存情况、物资计划领用情况、物资合同情况，给出物资储备计划建议。物资管理部门审核后，实施物资采购补库。系统应用如图 6-26 所示、图 6-27 所示。

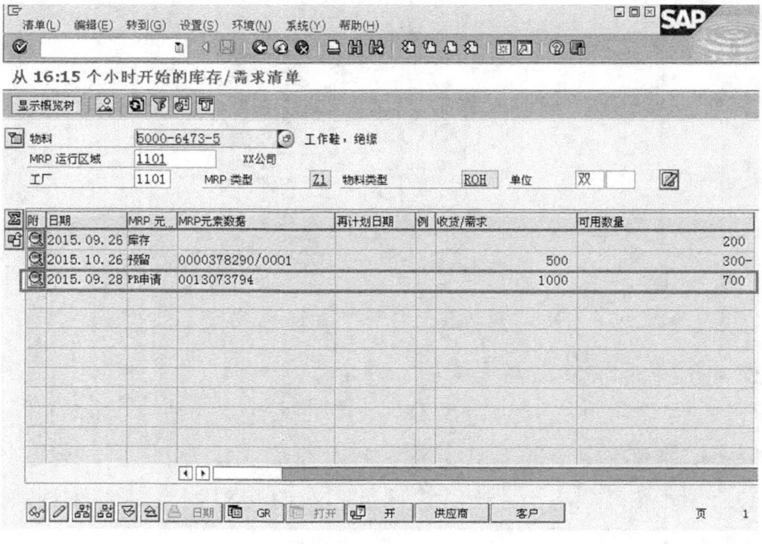

图 6-26 物资储备计划建议

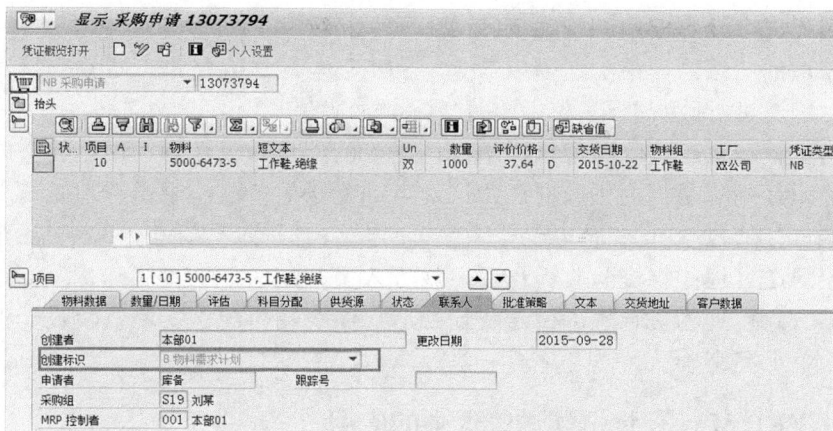

图 6-27　物资储备计划查看

6.3　物资配送管理

6.3.1　物资配送管理概述

物资配送是指在合理区域范围内根据要求，对物资进行拣选、加工、包装、分割、组配等作业，并按时送达指定地点的物流活动。物资配送管理是指将物资从仓库运送到指定地点，包括配送需求、配送调度、配送执行、配送交接、配送结算等全过程管理。电网企业结合仓储网络布局，建立主动响应物资需求的配送运作机制，规划建设快捷、高效的配送网络，运用主动配送、供应商配送与第三方配送等方式，将配网物资配送至现场、运维物资配送至班组、办公用品配送至办公室等。

6.3.2　电网企业物资配送管理流程

物资配送管理流程主要涉及需求部门、物资管理部门和供应商，总体流程如图 6-28 所示。

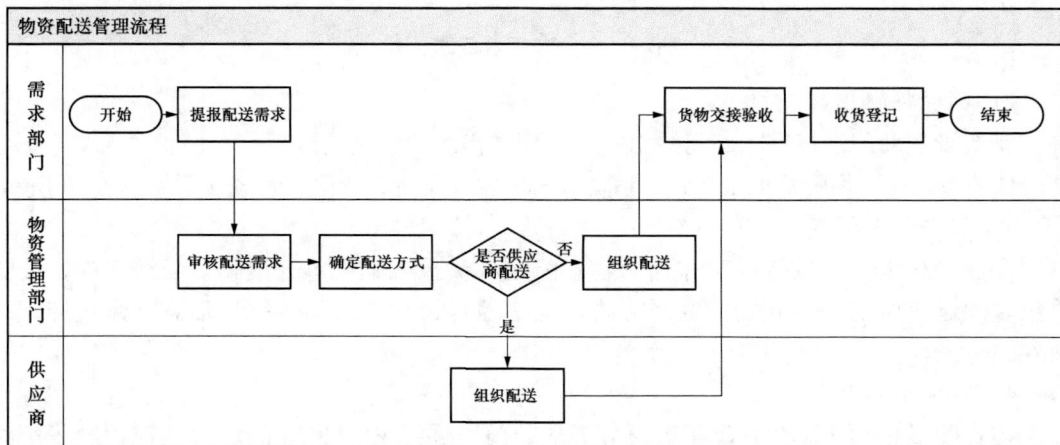

图 6-28　物资配送管理流程

以上流程要点及各部门职责如下：

（1）需求部门按需提报配送需求计划，到货后与配送人员进行货物交接和验收，验收合格后对物资进行收货登记。

（2）物资管理部门接收并审核需求部门提交的配送需求计划；根据物资库存情况、送货地点等因素判断是否由供应商送货；对主动配送的情况，配送管理人员下达配送任务并组织送货；通过 GPS（全球定位系统）、电话、短信等多种方式，确认车辆状态和位置，监控配送过程；物资验收无误后，双方人员在配送单上签字确认。

（3）供应商接到物资管理部门送货通知后，组织物资配送；物资验收无误后，双方人员在配送单上签字确认。

6.3.3　ERP MM 在物资配送管理中的应用

电网企业在 ERP MM 中通过配送需求管理、出库管理、配送过程管理等功能，实现对需求提报、物资配送等一系列业务环节的支撑。

【应用案例 6-4】　某电网企业计划下月实施某配网项目，需求部门向物资管理部门提出低压电力电缆、10kV 变压器等物资的配送需求。物资管理部门审核物资配送需求后，组织配送人员进行配送发货。在配送过程中，物资管理部门通过监控程序了解物资运输进展情况，及时通知需求部门做好货物交接准备。物资到达项目现场后，双方人员对货物进行交接验收，验收无误后，在配送单上签字确认。

1. 物资配送需求提报

需求部门在 ERP MM 中提报低压电力电缆、10kV 变压器等物资的配送需求，明确配送数量、配送地点以及配送日期等信息。系统应用如图 6-29 所示。

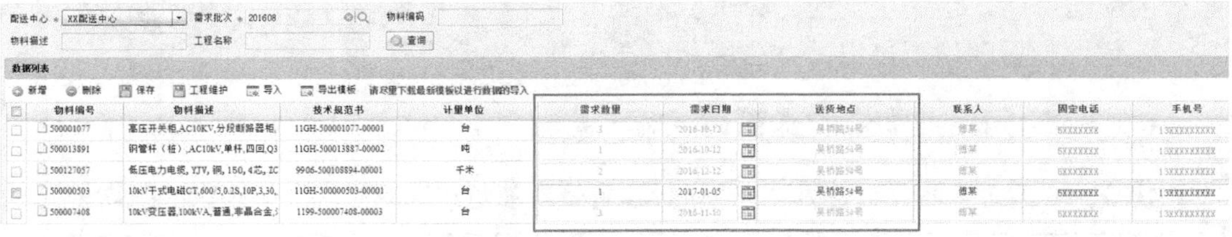

图 6-29　物资配送需求提报

2. 物资拣配出库

物资管理部门审核需求部门提出的物资配送需求，审核通过后，仓储管理人员根据物资配送清单，开展物资拣配工作，将物资统一放置在发货暂存区。系统应用如图 6-30 所示。

3. 配送任务调度

仓储管理人员完成拣配工作后，物资配送人员按照配送单开展物资配送工作，配送单包含配送物资明细、收货人联系方式、配送地点、配送时间等配送信息。系统应用如图 6-31 所示。

4. 在途车辆跟踪

物资配送过程中，物资管理部门与需求部门可通过 ERP MM 的运输监控程序了解物资运输情况，便于后续及时办理货物交接。系统应用如图 6-32 所示。

图 6-30 物资拣配出库

图 6-31 配送任务调度

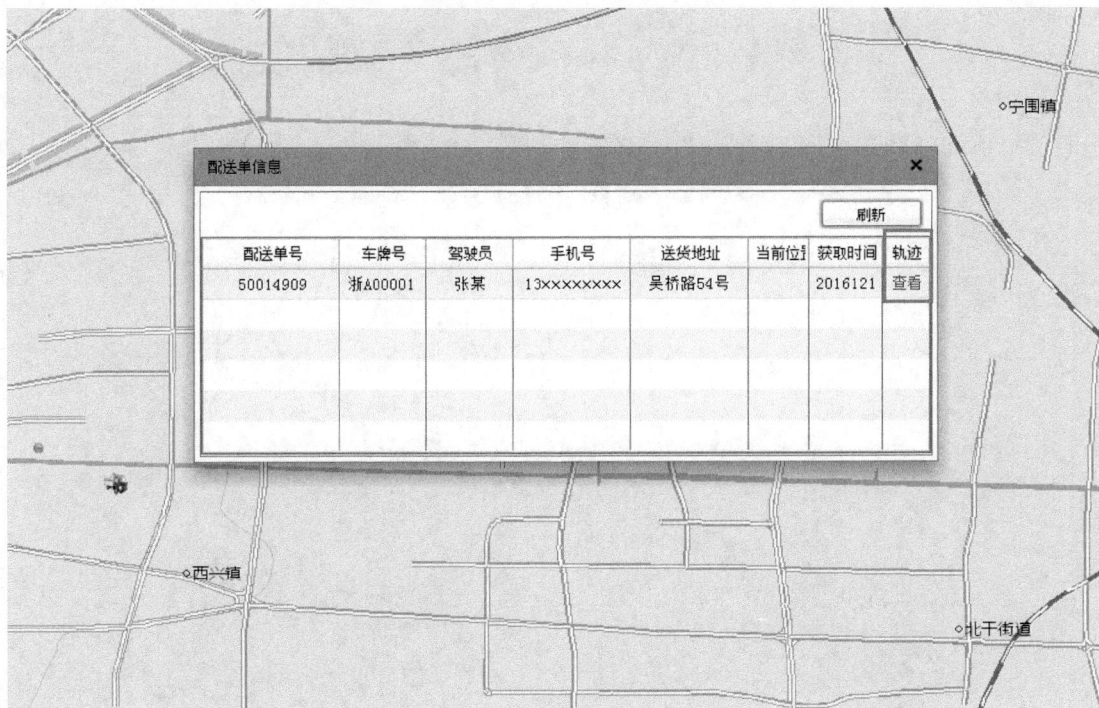

图 6-32 在途车辆跟踪

5. 现场交接验收

物资配送到现场后，需求部门会同物资管理部门对货物数量、包装方式、外观进行检查验收。验收合格后，供需双方人员在配送单上签字确认。系统应用如图 6-33 所示。

配送单号	需求批次编号	确认状态	是否收货完成	配送中心编码	配送中心名称	配送联系人	配送人联系电话	配送方式	创建日期
50014909	201608	已确认	全部收货	WZZXK	XX配送中心	张某	5XXXXXXX	第三方物流	2016-12-24 09:
50014908	201608	已确认	全部收货	WZZXK	XX配送中心	张某	5XXXXXXX	第三方物流	2016-12-24 09:
50014806	201608	已确认	全部收货	WZZXK	XX配送中心	张某	5XXXXXXX	第三方物流	2016-12-15 14:
50014707	201608	已确认	全部收货	WZZXK	XX配送中心	张某	5XXXXXXX	第三方物流	2016-12-10 11:
50014630	201608	已确认	全部收货	WZZXK	XX配送中心	张某	5XXXXXXX	第三方物流	2016-12-08 09:

需求批次编号	配送单编号	配送单行项目号	物料编码	物料描述	配送数量	收货数量	状态	送货地址
201608	50014909	10	500007408	10kV变压器,100kVA,普通,	3	3		吴桥路54号
201608	50014909	20	500007396	10kV变压器,400kVA,普通,	1	1		吴桥路54号

图 6-33　配送单确认

废旧物资管理

废旧物资管理作为电网物资管理的末端，也是电网物资管理的重要内容之一。合理利用现有废旧物资资源，可以盘活资金资产，防止国有资产流失，改善管理，消除废旧物资重新流入电网建设隐患等。废旧物资管理主要包括废旧物资入库、在库、计划处置、拍卖、拍卖履约出库等作业。电网企业通过建立统一的废旧物资在库、处置管理体系，统一在库、处置标准和流程，规范处置行为，实现废旧物资的规范、廉洁、高效处置。

7.1 物资报废管理

7.1.1 物资报废管理概述

废旧物资是指已办理固定资产报废手续的物资、已办理流动资产报废手续的库存物资、已办理非固定资产报废手续并属于列卡登记的低值易耗品、废弃材料以及零配件等。根据管理要求和流程的不同，物资报废管理主要分为库存物资报废管理和固定资产报废管理等。

库存物资报废管理是指库内物资因存放年限过长或过质保期等原因而产生物资质量问题，经鉴定，安装后会影响电网正常运行的物资，对其进行报废出库。

固定资产报废管理是指固定资产因运行日久损坏严重、技术落后淘汰或质量问题等原因，不能继续满足生产或使用要求，对其进行报废更换。由于物资管理部门主要负责在库物资报废，所以本节主要针对库存物资报废管理进行介绍。

7.1.2 物资报废管理流程

库存物资报废管理流程主要涉及物资管理部门和其他相关管理部门，总体流程如图 7-1 所示。

以上流程要点及各部门职责如下：

（1）物资管理部门负责编制库存物资报废清单并提交相关部门鉴定、会签；审批通过后，办理报废手续，仓储管理人员将货物转入废旧物资仓库，开展报废记账和相关账物对应调整。

（2）相关管理部门负责进行鉴定、会签，财务管理部门上报税务进行审查。

7.1.3 ERP MM 在物资报废管理中的应用

电网企业在 ERP MM 中对废旧物资的管理与普通物资的管理主要有两个区别：一是

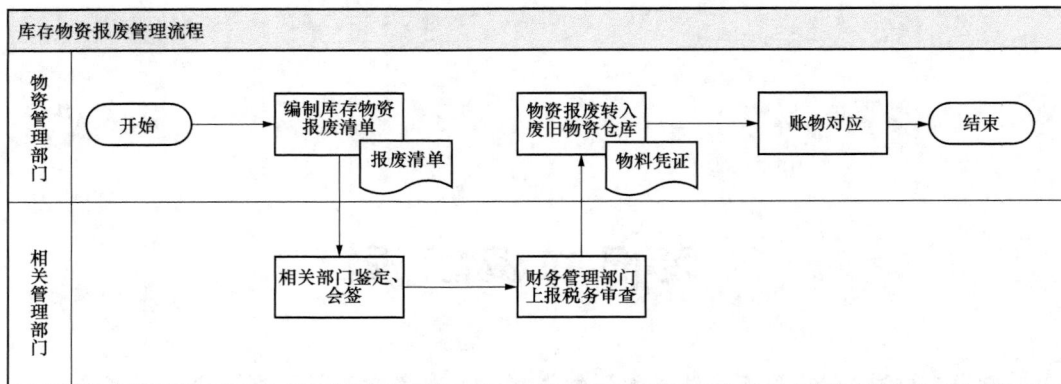

图 7-1 库存物资报废管理流程

电网企业通过在 ERP MM 中配置一个新的实物代保管工厂管理废旧物资；二是电网企业通过设定专门的废旧物料编码标识废物资，通过沿用原来的物料编码标识旧物资。

【应用案例 7-1】 某电网企业物资管理部门在 2016 年底，根据库存盘点情况，提出绝缘导线、电力电缆、五金材料等库存物资的报废申请，组织相关管理部门，对库存物资进行报废技术鉴定。经技术鉴定与会签审批通过后，仓储管理人员根据物资报废出库单和废旧物资入库单，将实物转移到废旧物资区。

1. 报废物资出库

仓储管理人员根据审批通过的物资报废清单，在 ERP MM 中办理物资报废出库，维护报废物资描述、报废物资数量、移动类型等信息，形成物资报废出库单。系统应用如图 7-2 所示。

行	物料短文本	在 UnE 中的数量	EUn	工厂	仓储地点	移动类型
1	架空绝缘导线,AC10kV,JKLYJ,120	0.213	千米	XX公司	XX公司XX仓库	553
2	架空绝缘导线,AC1kV,JKLYJ,120	0.280	千米	XX公司	XX公司XX仓库	553
3	架空绝缘导线,AC1kV,JKLYJ,70	0.294	千米	XX公司	XX公司XX仓库	553
4	钢芯铝绞线,JL/G1A,50/8	0.064	吨	XX公司	XX公司XX仓库	553
5	钢芯铝绞线,JL/G1A,240/30	0.138	吨	XX公司	XX公司XX仓库	553
6	电力电缆,AC10kV,YJV,50,3,22,无阻燃,无阻水	0.02	千米	XX公司	XX公司XX仓库	553
7	低压电力电缆,VV,铜,16,2芯,无阻燃,普通	0.08	千米	XX公司	XX公司XX仓库	553
8	低压电力电缆,VV,铜,95,4芯,无阻燃,22,普通	0.06	千米	XX公司	XX公司XX仓库	553
9	集束绝缘导线,AC1kV,JKLYJ,120,4	0.181	千米	XX公司	XX公司XX仓库	553

图 7-2 报废物资出库查询

2. 废旧物资入库

鉴定为无法再利用的废物资，根据实际情况进行现场处置或者仓库集中处置。针对仓库集中处置的情况，物资管理部门根据物资报废清单，进行实物清点和过磅，核对实收数量。在 ERP MM 中维护物料对应的废旧物料编码，实际入库数量、代保管工厂、实体库存地点等信息，形成废旧物资入库单；对整条线路拆除下来的设备材料一般采用现场处置的方式，物资管理部门根据物资报废清单，在 ERP MM 中维护废旧物资入库信息，通过虚拟库 9700 进行区分。系统应用如图 7-3 所示。

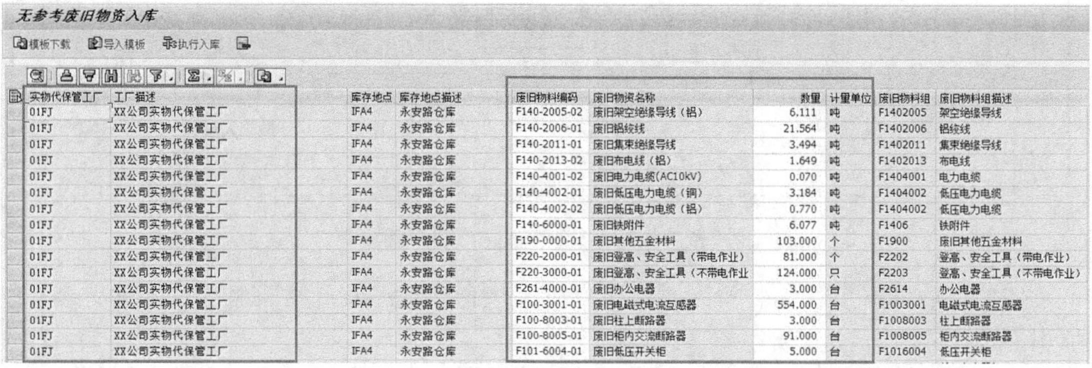
无参考废旧物资入库

模板下载 导入模板 执行入库

实物代保管工厂	工厂描述	库存地点	库存地点描述	废旧物料编码	废旧物资名称	数量	计量单位	废旧物料组	废旧物料组描述
01FJ	XX公司实物代保管工厂	IFA4	永安路仓库	F140-2005-02	废旧架空绝缘导线（铝）	6.111	吨	F1402005	架空绝缘导线
01FJ	XX公司实物代保管工厂	IFA4	永安路仓库	F140-2006-01	废旧铝绞线	21.564	吨	F1402006	铝绞线
01FJ	XX公司实物代保管工厂	IFA4	永安路仓库	F140-2011-01	废旧集束绝缘导线	3.494	吨	F1402011	集束绝缘导线
01FJ	XX公司实物代保管工厂	IFA4	永安路仓库	F140-2013-02	废旧布电线（铝）	1.649	吨	F1402013	布电线
01FJ	XX公司实物代保管工厂	IFA4	永安路仓库	F140-4001-02	废旧电力电缆(AC10kV)	0.070	吨	F1404001	电力电缆
01FJ	XX公司实物代保管工厂	IFA4	永安路仓库	F140-4002-01	废旧低压电力电缆（铜）	3.184	吨	F1404002	低压电力电缆
01FJ	XX公司实物代保管工厂	IFA4	永安路仓库	F140-4002-02	废旧低压电力电缆（铝）	0.770	吨	F1404002	低压电力电缆
01FJ	XX公司实物代保管工厂	IFA4	永安路仓库	F140-6000-01	废旧铁附件	6.077	吨	F1406	铁附件
01FJ	XX公司实物代保管工厂	IFA4	永安路仓库	F190-0000-01	废旧其他五金材料	103.000	个	F1900	废旧其他五金材料
01FJ	XX公司实物代保管工厂	IFA4	永安路仓库	F220-2000-01	废旧登高、安全工具（带电作业）	81.000	个	F2202	登高、安全工具（带电作业）
01FJ	XX公司实物代保管工厂	IFA4	永安路仓库	F220-3000-01	废旧登高、安全工具（不带电作业	124.000	只	F2203	登高、安全工具（不带电作业）
01FJ	XX公司实物代保管工厂	IFA4	永安路仓库	F261-4000-01	废旧办公电器	3.000	台	F2614	办公电器
01FJ	XX公司实物代保管工厂	IFA4	永安路仓库	F100-3001-01	废旧电磁式电流互感器	554.000	台	F1003001	电磁式电流互感器
01FJ	XX公司实物代保管工厂	IFA4	永安路仓库	F100-8003-01	废旧柱上断路器	3.000	台	F1008003	柱上断路器
01FJ	XX公司实物代保管工厂	IFA4	永安路仓库	F100-8005-01	废旧柜内交流断路器	91.000	台	F1008005	柜内交流断路器
01FJ	XX公司实物代保管工厂	IFA4	永安路仓库	F101-6004-01	废旧低压开关柜	5.000	台	F1016004	低压开关柜

图 7-3 废旧物资入库

鉴定为可以再利用的旧物资，一般采用在实体库中开展实物数量管理。系统应用与图 7-3 类似，本处不再赘述。

7.2 废旧物资处置管理

7.2.1 废旧物资处置管理概述

废旧物资处置是指废旧物资的实物移交、存储、销售和资金回收等业务。废旧物资处置管理实行“统一管理、集中处置”的原则，主要包括废旧物资分类处置、移交保管、竞价拍卖、销售合同签订、资金回收、实物交接等。

7.2.2 电网企业废旧物资处置管理流程

废旧物资处置管理流程主要涉及物资管理部门、回收商与财务管理部门，总体流程如图 7-4 所示。

以上流程要点及各部门职责如下：

（1）物资管理部门根据物资报废情况定期编制、提交并综合平衡废旧物资处置计划；统一安排竞价时间，编制竞价计划、竞价公告和竞价文件；组织废旧物资回收商参与竞价，并对竞价过程进行监督；发布竞价成交公告，对中标的回收商发布竞价成交通知书并组织签订销售合同；督促回收商支付回收款，完成废旧物资实物交接出库。

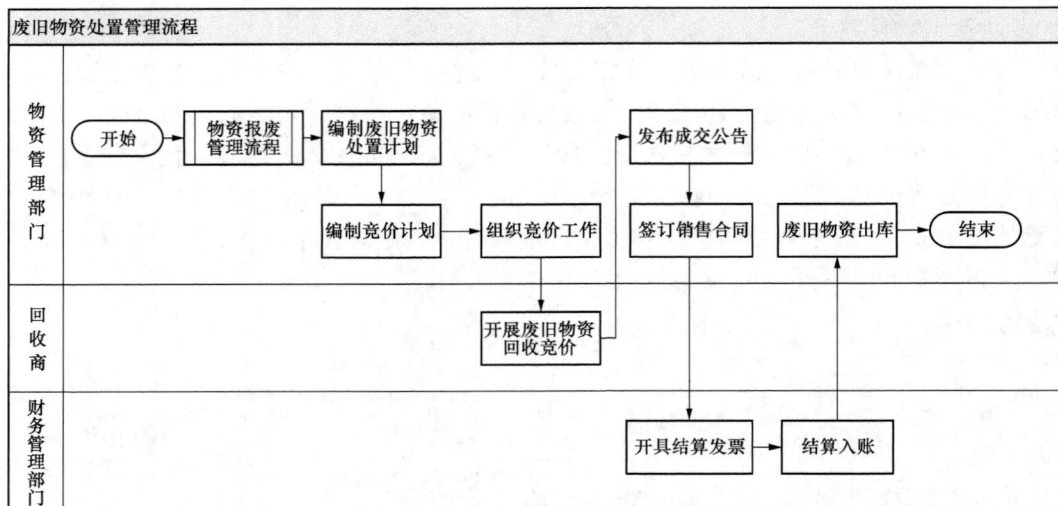

图 7-4　废旧物资处置管理流程

（2）回收商开展废旧物资回收网上竞价；与仓储管理人员共同盘点、称重交接，办理出库手续。

（3）财务管理部门根据销售合同开具结算发票，完成合同金额的全额收款入账。

7.2.3　ERP MM 在废旧物资处置管理中的应用

电网企业每年设置若干个批次开展废旧物资集中处置，汇总收集废旧物资之后，开展网上竞价拍卖。通过 ERP MM 的销售订单功能、发票管理功能、物资出库管理功能，实现废旧物资的销售合同管理、结算发票开具和实物移交。

【应用案例 7-2】　某电网企业经过内部审批后，开展 2017 年第 X 批废旧物资网上竞价活动。该批次共计收到 2500 多条处置计划，预估金额 1000 多万元。2017 年 5 月 12 日在 ERP MM 中发布竞价公告，12 家废旧物资回收商参与竞价。6 月 9 日发布成交公告，共有 8 家回收商中标，回笼资金近 1100 万元。

1. 废旧物资处置计划提报

根据废旧物资处置批次的提报时间，仓储管理人员在 ERP MM 中开展废旧物资处置计划提报。提报内容包括废旧物资编码、废旧物资名称，数量、评估单价、评估总价等信息。废旧物资处置计划经审批之后在次月进行集中处置。系统应用如图 7-5 所示。

2. 废旧物资网上竞价

废旧物资处置计划经审批之后，物资管理部门编制竞价文件，在 ERP MM 中发布竞价公告，邀请废旧物资回收商进行竞标。竞价公告包含竞价时间、竞价地点、废旧物资概况、竞价文件等内容。系统应用如图 7-6 所示。

3. 成交公告发布

废旧物资回收商参与竞价，竞价结果经竞价委员会批准后生效。物资管理部门在 ERP MM 中发布成交公告。公示结束后发放成交通知书。系统应用如图 7-7 所示。

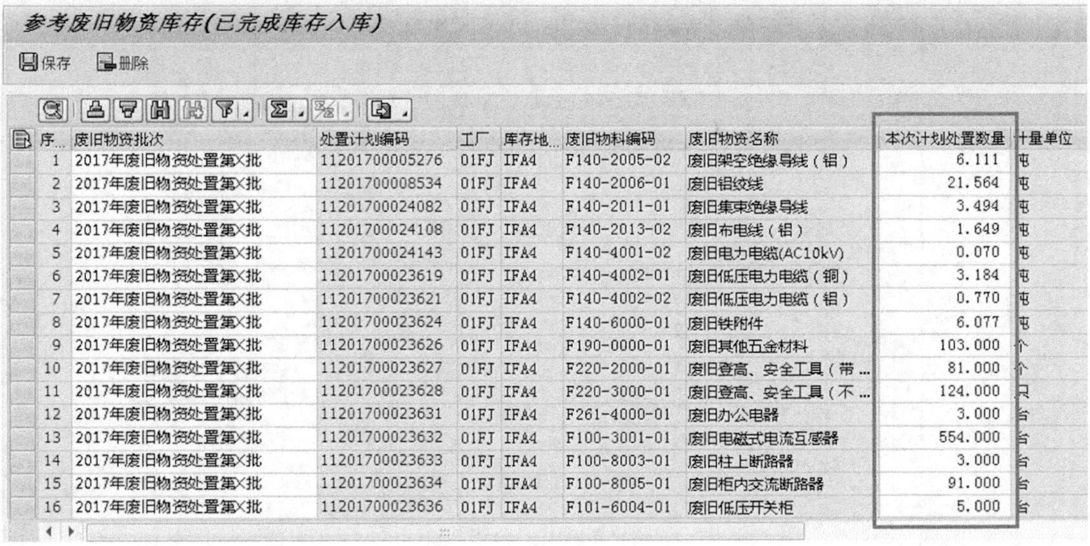

参考废旧物资库存(已完成库存入库)

保存 删除

序...	废旧物资批次	处置计划编码	工厂	库存地...	废旧物料编码	废旧物资名称	本次计划处置数量	计量单位
1	2017年废旧物资处置第X批	11201700005276	01FJ	IFA4	F140-2005-02	废旧架空绝缘导线（铝）	6.111	吨
2	2017年废旧物资处置第X批	11201700008534	01FJ	IFA4	F140-2006-01	废旧铝绞线	21.564	吨
3	2017年废旧物资处置第X批	11201700024082	01FJ	IFA4	F140-2011-01	废旧集束绝缘导线	3.494	吨
4	2017年废旧物资处置第X批	11201700024108	01FJ	IFA4	F140-2013-02	废旧布电线（铝）	1.649	吨
5	2017年废旧物资处置第X批	11201700024143	01FJ	IFA4	F140-4001-02	废旧电力电缆(AC10kV)	0.070	吨
6	2017年废旧物资处置第X批	11201700023619	01FJ	IFA4	F140-4002-01	废旧低压电力电缆（铜）	3.184	吨
7	2017年废旧物资处置第X批	11201700023621	01FJ	IFA4	F140-4002-02	废旧低压电力电缆（铝）	0.770	吨
8	2017年废旧物资处置第X批	11201700023624	01FJ	IFA4	F140-6000-01	废旧铁附件	6.077	吨
9	2017年废旧物资处置第X批	11201700023626	01FJ	IFA4	F190-0000-01	废旧其他五金材料	103.000	个
10	2017年废旧物资处置第X批	11201700023627	01FJ	IFA4	F220-2000-01	废旧登高、安全工具（带 ...	81.000	个
11	2017年废旧物资处置第X批	11201700023628	01FJ	IFA4	F220-3000-01	废旧登高、安全工具（不 ...	124.000	只
12	2017年废旧物资处置第X批	11201700023631	01FJ	IFA4	F261-4000-01	废旧办公电器	3.000	台
13	2017年废旧物资处置第X批	11201700023632	01FJ	IFA4	F100-3001-01	废旧电磁式电流互感器	554.000	台
14	2017年废旧物资处置第X批	11201700023633	01FJ	IFA4	F100-8003-01	废旧柱上断路器	3.000	台
15	2017年废旧物资处置第X批	11201700023634	01FJ	IFA4	F100-8005-01	废旧柜内交流断路器	91.000	台
16	2017年废旧物资处置第X批	11201700023636	01FJ	IFA4	F101-6004-01	废旧低压开关柜	5.000	台

图 7-5　废旧物资处置计划提报

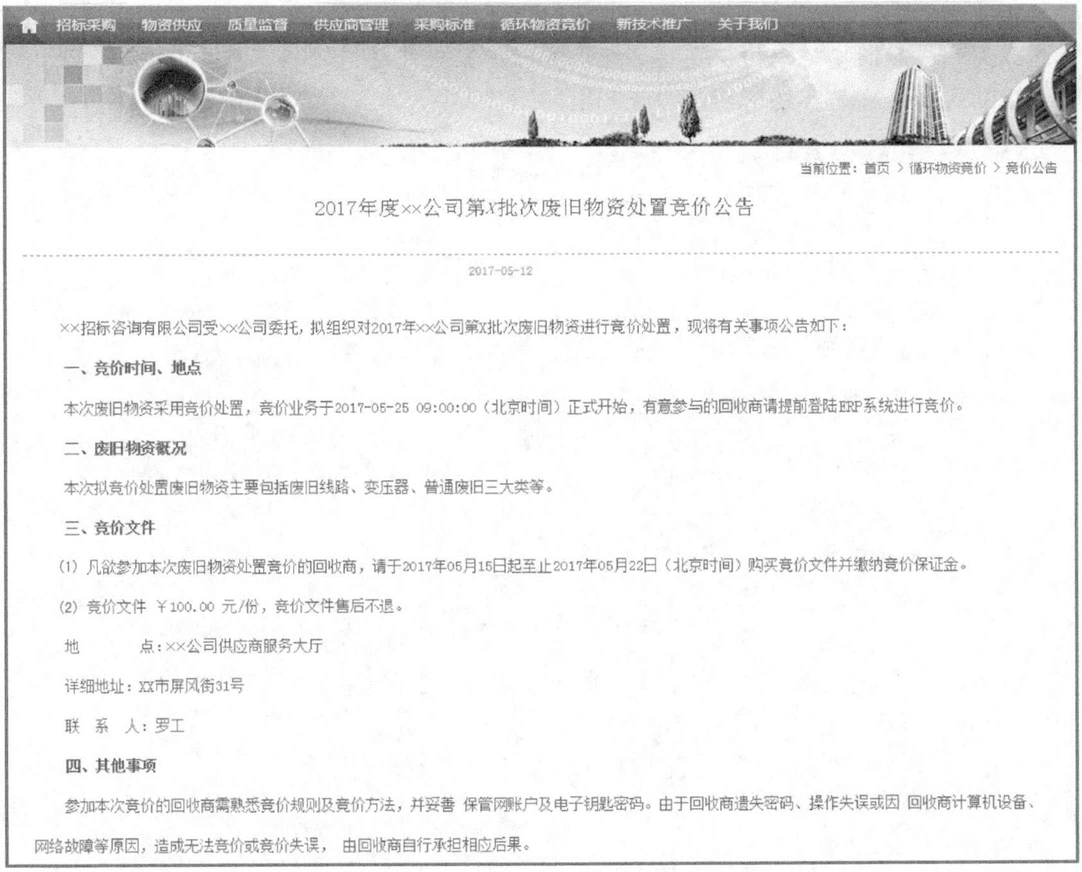

2017年度××公司第X批次废旧物资处置竞价公告

2017-05-12

××招标咨询有限公司受××公司委托，拟组织对2017年××公司第X批次废旧物资进行竞价处置，现将有关事项公告如下：

一、竞价时间、地点

本次废旧物资采用竞价处置，竞价业务于2017-05-25 09:00:00（北京时间）正式开始，有意参与的回收商请提前登陆ERP系统进行竞价。

二、废旧物资概况

本次拟竞价处置废旧物资主要包括废旧线路、变压器、普通废旧三大类等。

三、竞价文件

（1）凡欲参加本次废旧物资处置竞价的回收商，请于2017年05月15日起至止2017年05月22日（北京时间）购买竞价文件并缴纳竞价保证金。

（2）竞价文件 ￥100.00 元/份，竞价文件售后不退。

地　　点：××公司供应商服务大厅

详细地址：XX市屏风街31号

联 系 人：罗工

四、其他事项

参加本次竞价的回收商需熟悉竞价规则及竞价方法，并妥善 保管网账户及电子钥匙密码。由于回收商遗失密码、操作失误或因 回收商计算机设备、网络故障等原因，造成无法竞价或竞价失误， 由回收商自行承担相应后果。

图 7-6　废旧物资处置竞价公告

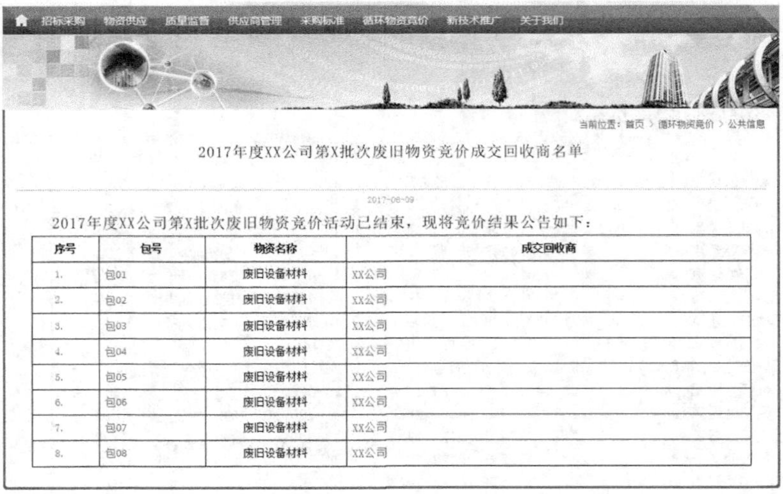

2017年度XX公司第X批次废旧物资竞价成交回收商名单

2017-06-09

2017年度XX公司第X批次废旧物资竞价活动已结束，现将竞价结果公告如下：

序号	包号	物资名称	成交回收商
1.	包01	废旧设备材料	XX公司
2.	包02	废旧设备材料	XX公司
3.	包03	废旧设备材料	XX公司
4.	包04	废旧设备材料	XX公司
5.	包05	废旧设备材料	XX公司
6.	包06	废旧设备材料	XX公司
7.	包07	废旧设备材料	XX公司
8.	包08	废旧设备材料	XX公司

图 7-7　成交公告发布

4. 合同签订

物资管理部门组织回收商签订废旧物资销售合同，保证竞价结果的有效执行。物资管理部门完成废旧物资销售合同签订后，在 ERP MM 中建立销售订单，根据销售订单进行后续的资金结算与实物交接。系统应用如图 7-8 所示。

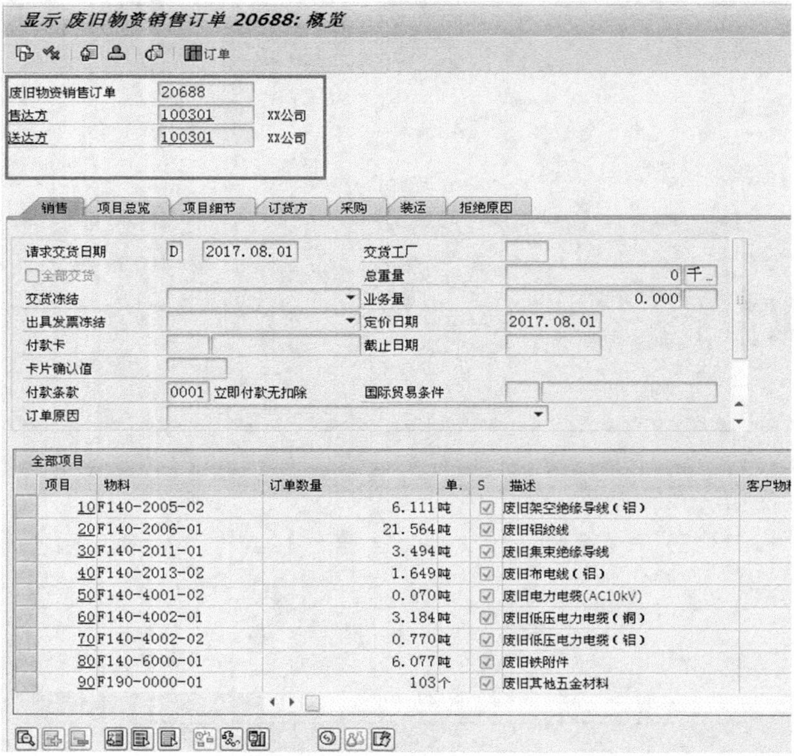

图 7-8　废旧物资销售合同查询

5. 发票开具与实物交接

物资管理部门在 ERP MM 中办理废旧物资出库后，财务管理部门开具结算发票。物资管理部门开展合同金额的全额收款，完成后组织回收商办理废旧物资的实物交接工作。系统应用如图 7-9、图 7-10 所示。

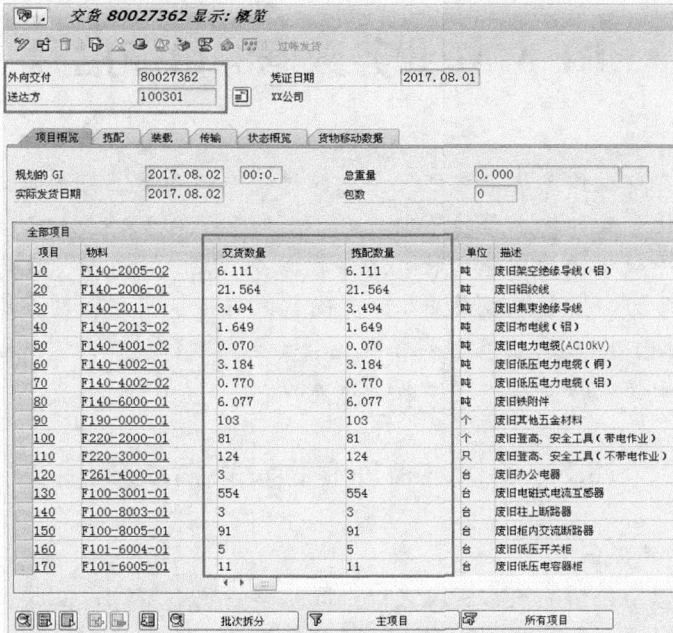

图 7-9 废旧物资出库

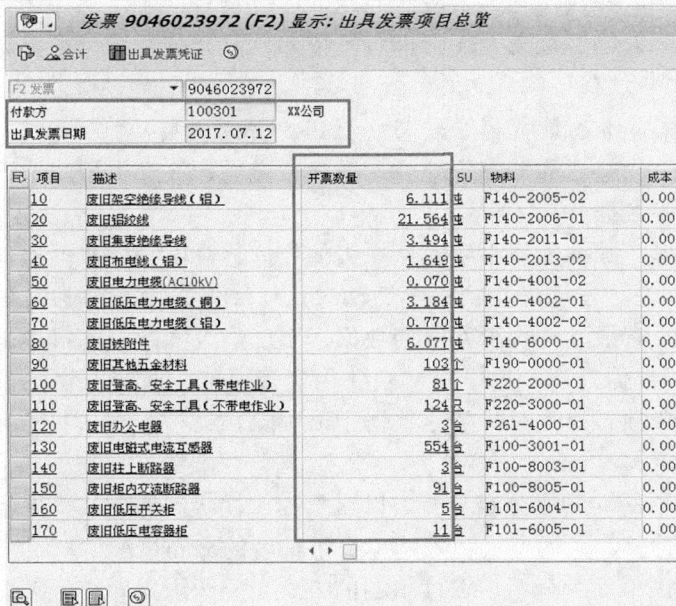

图 7-10 出具销售发票

8

ERP MM 业务数据的价值挖掘

　　电网企业在建设信息化、智能化企业的过程中，积累了海量的业务数据。随着物资管理信息化和集约化水平的不断提升，电网企业对 ERP MM 的期望越来越高。ERP MM 系统中数据保持高速增长，这些数据在"大云物移智"理念的催化下，正迸发出新的生命力。本章以成果应用场景为切入点，从问题识别、风险管控、辅助决策等方面挖掘 ERP MM 业务数据价值，探索业务运行规律，不断提升公司经营管理水平，为企业管理转型和提质增效提供支撑。

8.1　场景一：库存物资不活动分析

　　1. 挖掘目标的提出

　　物资库存资源是公司的核心资源之一，既包含了物资资源，同时也包括了为存储物资而配置的仓库资源。当前企业物资库存长期居高不下，即造成了项目物资结余在库长期无法利用，又限制了采购设备的及时入库，从而严重影响公司正常经营。通过物资库存数据价值的挖掘，解决库存大量积压问题，促进物资周转，加快物资供应速度，提升物资保障能力，降低物资供应对库存储备的依赖性，充分发挥公司资源统筹的作用。

　　2. 挖掘做法与过程

　　（1）数据采集。本场景所需数据来源于 ERP 系统，主要包括单位、项目定义、项目名称、物料编号、物料名称、库存地点、数量、金额、库存类型、最近一次出库日期、物资不活动时长等数据。

　　（2）数据处理。数据处理主要包括缺失值处理、废旧物资数据处理等。

　　1）缺失值处理。本场景在物资不活动时长计算上采用当前时间与最近一次出库日期的时间差，若没有最近一次出库日期数据，则以最近一次入库日期来替代。

　　2）废旧物资数据处理。由于电网企业物资管理部门对废旧物资采用零价值管理方式，不占用库存金额，因此对此部分数据予以剔除。

　　（3）挖掘视角。

　　1）视角 1：不活动物资分布分析。以饼状图、柱状图的方式，展示库存不活动物资的金额、数量在时长、采购方式和采购单位等维度的分布情况。

　　2）视角 2：虚拟库存分析。以柱状图的方式，展示虚拟库存不活动物资的金额、数量在不同采购单位维度的分布情况。

3）视角 3：项目分析。以项目清单的方式，展示各项目库存不活动物资的金额、数量占比情况。

【应用案例 8-1】 2015 年底，某电网企业对不活动时长超 1 年及以上的物资开展数据分析，发现该企业不活动时长超 1 年的物资金额占总库存金额的 50%左右，不活动时长超 2 年的物资金额占总库存金额的 20%左右。同时对库存类型进行分析发现，虚拟库存不活动物资占所有不活动物资的 19.8%，主要集中在公司本部，配网物资金额占所有不活动物资金额的 20.54%，不活动物资金额 10 万元以上的项目共有 10 个，最大金额达到了 441.7 万元，如图 8-1～图 8-3 所示。

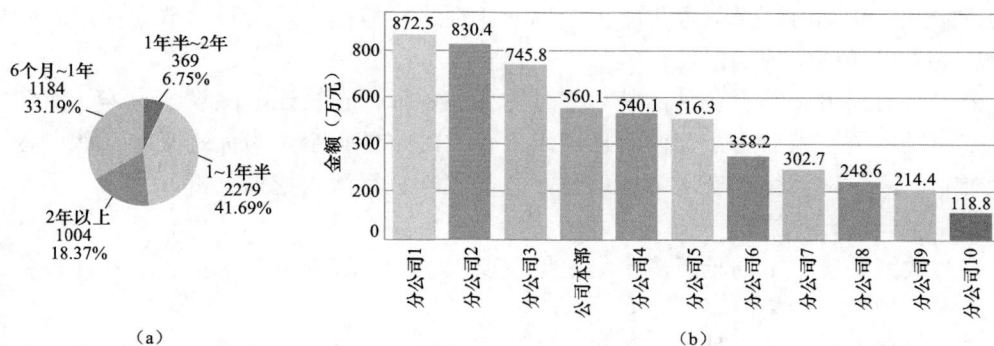

图 8-1 长期不活动物资分布情况

（a）长期不活动物资分时段统计；（b）长期不活动物资分布

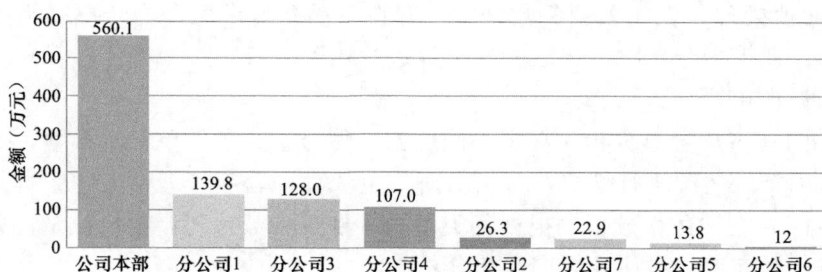

图 8-2 长期不活动物资（虚拟库存）情况

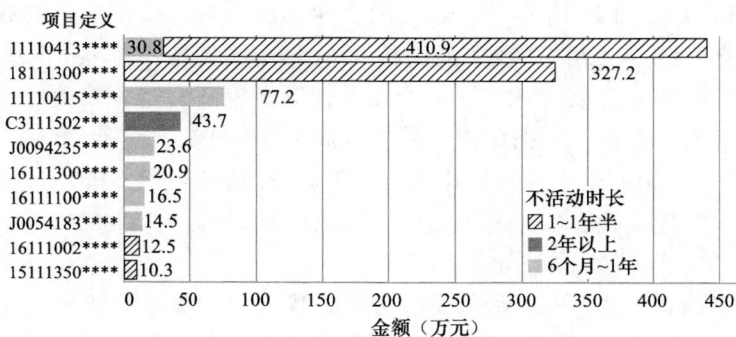

图 8-3 长期不活动物资（10 万元以上）情况

基于数据分析结论，并结合企业现状，采取了多项降库存的管控措施，该企业库存物资不活动情况有了明显的改善。跟踪监测发现，该企业库存物资总额下降 35.3%，不活动物资金额占总库存金额的比例下降 13.8%，不活动物资金额 10 万元以上的项目减少 6 个。

8.2 场景二：配网设备配件材料规格不统一分析

1. 挖掘目标的提出

电力系统继电保护、自动化监控、通信等二次设备已从电磁型、整流型、晶体管型、集成电路型发展到微机型，并向网络化、智能化发展。以往由分立元件构成的二次设备在运行中发生缺陷时，一般采用更换个别元器件进行修理；对于目前普遍使用的微机型装置，则须更换整个缺陷插件。

公司目前储备了大量各种品牌、型号的备品备件，在快速消除设备缺陷、保障电网安全方面发挥了巨大作用，但同时也占用了较大的财务资金。为促进变电二次设备更经济、可靠、高效地运行，实现降本增效，急需对其进行深入挖掘分析。

2. 挖掘做法与过程

（1）数据采集。本场景所需采集数据主要来源于 ERP MM，包括备品备件数量、分类、厂家、型号、价格等。

（2）数据处理。数据处理主要包括缺失值处理、异常值处理等。

1）缺失值处理。在相关业务数据中，存在备品备件单价信息未维护或维护不及时导致缺失等现象，在挖掘分析时，将这些缺失值进行人工补充。

2）异常值处理。在相关业务数据中，存在备品备件厂家、型号更名造成信息前后不一致现象，在挖掘分析时，将这些异常值进行剔除或修正。

（3）挖掘视角。

1）视角 1：占用金额分析。根据不同厂家、型号备品备件单价和数量，对电网企业备品备件占用资金情况进行估算，分析其对资金流动和仓库管理带来的影响。

2）视角 2：利用效率分析。根据各类备品备件储备数量和年更换数量，分析其年利用率，并进行横向单位对比和纵向趋势分析。

3）视角 3：通用性分析。对备品备件厂家、型号进行归类统计，并进行通用性分析。

【应用案例 8-2】 对 2013 年某三家电网企业二次设备备品备件开展数据分析，发现其储备数量达 3674 件。以占比较多的供应商 F 公司的备品备件单价为参考，估算三家企业备品备件合计金额总数达 3517.05 万元，相对于较高的储备数量，实际备品备件使用数量较少，年利用率较低。按单位分析，最高为 26.70%（电网企业 A），最低为 4.46%（电网企业 C），三家企业平均年利用率为 19.32%；按备件类型分析，备品备件年利用率最低的为 2.17%（电网企业 C 的显示面板），年利用率最高的为 39.08%（电网企业 A 的保护测控装置 CPU 插件），如图 8-4 所示。

对二次设备备品备件厂家、型号进行分析发现，设备类型分测控、保护、通信等，涉及 20 多个生产厂商，60 多种系列型号，各厂家之间备品备件通用性差，插件不能相互替代使用。在较为极端的情况下，尽管电网企业备品备件储备数量大，但仍然发生因特定备件短缺导致设备运行受到影响的情况。

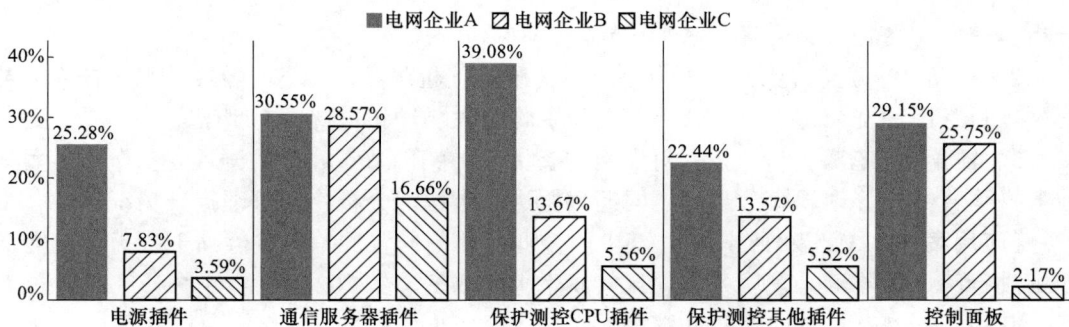

图 8-4　三家电网企业备品备件年利用率对比情况

根据以上分析，提出以下改进建议，供决策参考：

（1）强化需求管理。建议由专业主管部门牵头强化需求管理，从全局一盘棋考虑，提高备品备件年利用率。

（2）统一技术标准。选择当前储备量大且具备标准化条件的部件，对相关的接口规格进行统一，完善二次设备招标规范，解决通用性问题。

（3）梳理储备流程。全面梳理备品备件的储备流程和机制，打通紧急通道，尽可能减少紧急缺陷情况下无备件可用的情况发生。

（4）加强质量跟踪。强化产品质量的跟踪、监督和管控，避免不良商家采用恶性竞价策略，低价低质中标，高价销售备品备件和售后服务。

8.3　场景三：配网物资大额冲销分析

1. 挖掘目标的提出

配网工程物资管理模式较主网粗放，加之内、外部多重因素影响，配网项目间，特别是打捆项目的子项目间较容易发生物资借用和大额冲销情况。配网项目物资大额冲销不仅造成账面成本异常，还可能引发账外物资管理风险与项目结算审计风险。本场景充分利用物资领用明细数据，监测物资大额冲销的物资种类分布特征及时间变化趋势，为配网工程物资管理规范性改进和水平提升提供参考依据。

2. 挖掘做法与过程

（1）数据采集。本场景所需采集数据来源于 ERP 系统，包括单位、项目定义、项目名称、物料编号、物料名称、移动类型、领料日期、出库数量、出库金额等。

（2）数据处理。数据处理主要包括缺失值处理、数据清洗处理等。

1）缺失值处理。在物资领用相关业务数据中，发现存在物料名称信息缺失情况，为确保数据验证的有效性，可利用 ERP MM 中物料主数据将这些缺失值进行匹配补充。

2）数据清洗处理。在物资领用相关业务数据中，通过设置物资冲销阈值对明细数据进行清洗，筛选出单笔大额冲销明细。

（3）挖掘视角。

1）视角 1：单位分布。按照单位维度对物资大额冲销的数量和金额进行横向对比，分析单位间配网物资领用管理水平差异。

2）视角 2：分类占比。以电力电缆、变压器、断路器、杆塔、导线、水泥杆六大类配网项目常用物资为切入点，分析不同类别物资大额冲销占比分布情况。

3）视角 3：趋势分析。按月对配网物资大额冲销的数量和金额开展趋势分析，发现业务操作背后的管理规律；与历史同期数据进行对比，分析物资管理提升情况。

【应用案例 8-3】　2015 年底，某电网企业对单笔物资冲销的金额高于 5 万元的业务明细进行筛选和监测，发现各类项目共发生大额物资冲销 702 条，金额合计 12068.52 万元。其中，配网项目物资大额冲销 634 条，金额合计 11343.13 万元，占比高达 90.31%。

从物资类别维度来看，配网项目常用物资中配电变压器、电力电缆冲销金额较高，占总体金额的 40% 以上，其中最高单笔冲销配电变压器 8 台，金额 23.78 万元；从时间维度来看，6 月、9 月和 12 月冲销情况有明显增长趋势，呈现出一定的季末集中冲销规律，如图 8-5 所示。

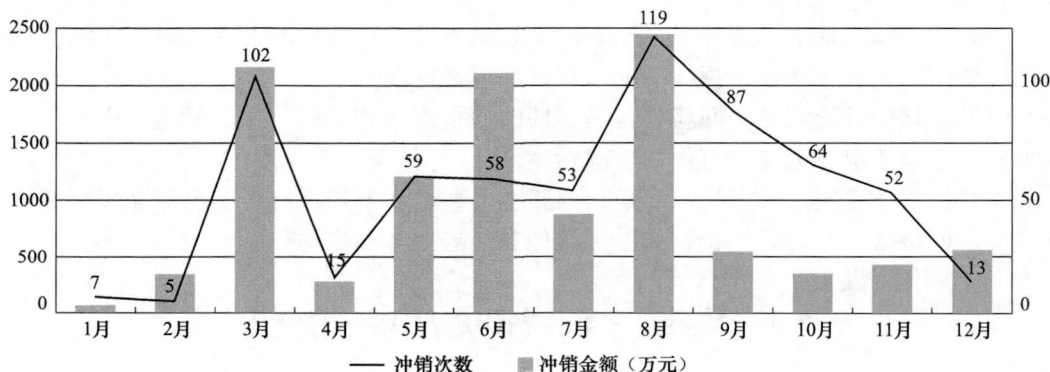

图 8-5　某电网企业 2015 年配网物资大额冲销情况

发现问题后，该企业多专业部门联合制定具体管控措施。从配网项目建项颗粒度、工程设计精准度、配网物资项目化管理以及物资精益化供应方式等多方面入手，开展协同治理。跟踪监测发现，该企业 2016 年配网项目大额物资冲销 152 条，同比下降 76.02%；冲销金额合计 2956.68 万元，同比下降 73.93%，物资领用和冲销的规范性有了明显提高，如图 8-6 所示。

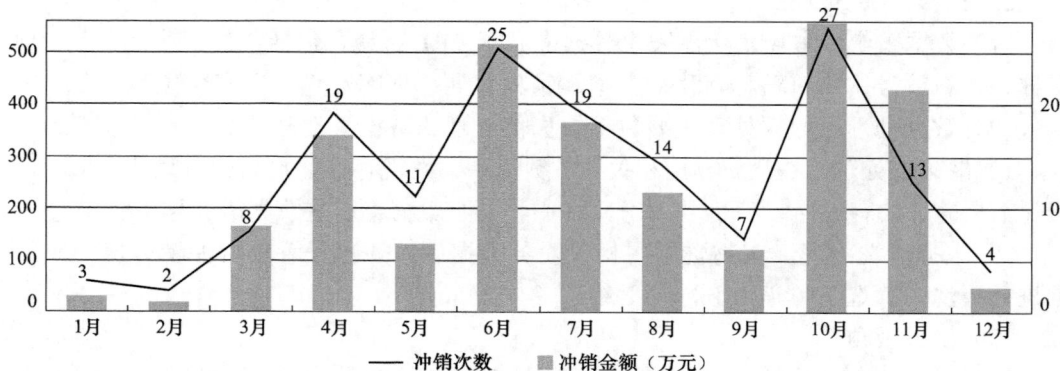

图 8-6　某电网企业 2016 年配网物资大额冲销情况

8.4　场景四：原材料价格与合同价对比分析

1. 挖掘目标的提出

电网企业工程建设所需的大宗材料如电缆、导线、金具等，受有色金属原材料价格波动影响较大，在长供货周期履约中存在较大价格风险。结合关键原材料和重要组部件价格，动态模拟典型物资采购成本，构建电网物资采购成本与市场价格的联动机制，对低于或接近动态成本价供货的物资合同设定为关注对象并进行风险识别和预警，降低物资合同违约风险，促进电网物资采购市场健康发展。

2. 挖掘做法与过程

（1）数据采集。本场景数据主要来源于 ERP MM，包括采购订单上的物料名称、类别、数量、单价、订货日期、交货日期、供应商以及批次采购的中标价格和市场原材料价格等。

（2）数据处理。数据处理主要包括异常值处理、数据冗余处理等。

1）异常值处理。由于补货类的订单数据中物资需求数量相比常规采购量较少，因此对此类订单进行风险判断的实际意义不大，故对该类数据予以剔除处理。

2）数据冗余处理。由于在原始业务数据中存在采购订单提报后又进行删除的情况，所以对此类冗余数据采取剔除处理。

（3）挖掘视角。

1）视角 1：中标价格与生产成本比对。以 Q345 塔材为例，将该型塔材的中标价格和生产成本以折线图的形式按照时间序列进行对比，对成本接近（或略超）中标价格的情况及时发出预警，进行重点监控；对成本已超过中标价格的情况，重点做好防范合同违约和产品质量风险，如图 8-7 所示。

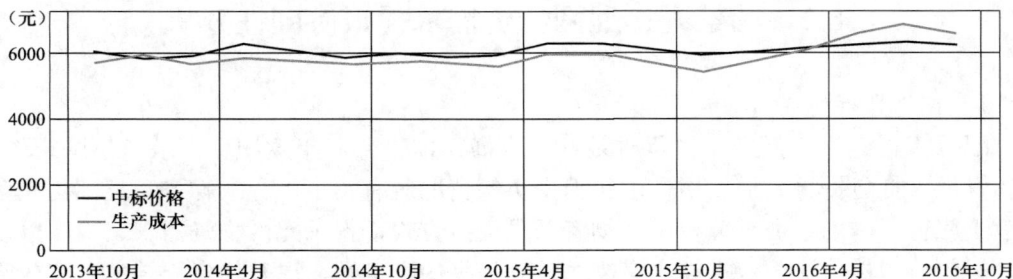

图 8-7　Q345 塔材中标价格与生产成本走势

2）视角 2：订单量和企业用电量比对。对视角 1 捕获的存在合同履约风险的供应商，提取其各月订单总量和工厂实际用电量数据进行比对，通过该供应商生产用电和所接订单量的吻合程度，准确判断该供应商的履约风险状况。如图 8-8 所示，2016 年 9 月 A 公司订单量增长较多，但用电量出现大幅度下降，初步判定该公司经营出现重大问题，后续履约风险较大。

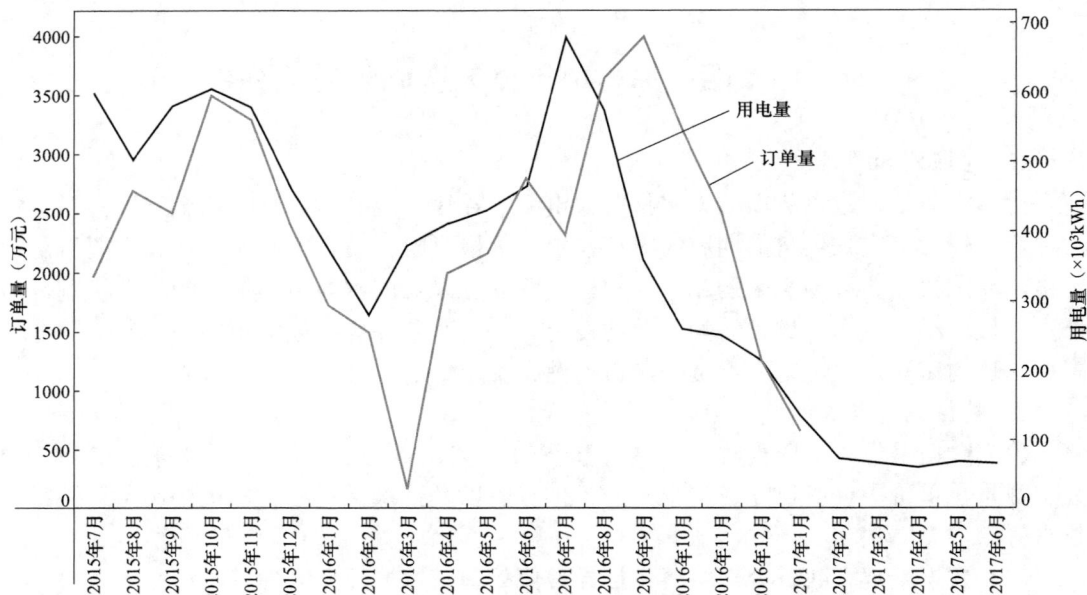

图 8-8　A 公司订单量与用电量走势

【应用案例 8-4】　2016 年 8 月，某电网企业与 B 公司签订高压电力电缆采购合同，交货日期为 2017 年 9 月。在 2016 年 12 月，电网企业通过价格联动，监测发现该公司存在中标价格低于成本的情况，并通过对其生产用电情况进行核实，确认其生产经营状况已进入困境。电网企业立即启动"三级"履约协调机制，经物资管理部门协调，于 2017 年 4 月与该公司解除合同。电网企业提前 5 个月识别物资合同违约风险，给后续重新招标赢得了时间，避免因物资供应问题影响工程进度。

8.5　场景五：配网物资需求提报协同性分析

1. 挖掘目标的提出

配网工程建设工期短，供货时效性要求高，需求部门年度物资需求"拍脑袋"，月度物资需求打包提报，周领用需求频繁变更等情况时有发生，导致物资管理部门在备料时疲于应付。本场景通过分析配网物资需求提报方式，揭示配网物资需求、入库以及领用之间的协同性，进一步提高物资需求计划提报的准确性，提升物资周转率，有效降低库存，提高企业效益。

2. 挖掘做法与过程

（1）数据采集。本场景所需数据来源于 ERP 系统，主要包括单位、配网项目名称、项目年度、项目投资金额、项目进度信息、物资名称、物资组名称、需求日期、需求数量、入库日期、入库数量、领用日期、领用数量等。

（2）数据处理。数据处理主要包括缺失值处理、异常值处理、数据冗余处理等。

1）缺失值处理。在项目相关业务数据中，发现存在项目进度信息维护缺失或者维护不及时的情况，为确保数据验证的有效性，将这些缺失值进行剔除处理。

2）异常值处理。通过比对物资需求数据与物资入库数据，对需求日期与入库日期时间偏差超过一年以上的异常数据进行舍弃处理。

3）数据冗余处理。在原始业务数据中，存在数据冗余的情况。如物资需求提报后又进行了删除、物资出入库后又进行冲销等。对此类冗余数据进行剔除处理。

（3）挖掘视角。

1）视角 1：物资分类。采用 K-means（K 均值）聚类算法，利用需求数量（标准化）、入库数量（标准化）、实际领用数量（标准化）、需求数量和入库数量比值、需求数量和实际领用数量比值、入库数量和实际领用数量比值等变量，对物资类别进行分群，分析识别特征迥异的物资类别，辅助业务人员对各特征的物资类别进行区别对待。

2）视角 2：预测分析。根据物资类别，对物资需求数量、入库数量和实际领用数量的趋势特征进行分析。通过挖掘相关业务数据，寻找配网物资需求数量、入库数量和实际领用数量的变化趋势、季节性变动、周期性变动等规律，基于采集数据的频率、历史数据、项目开工时间等信息，开展物资需求数量、入库数量和实际领用数量的中长期预测。

【应用案例 8-5】 通过抽取某电网企业 2014 年 1 月～2016 年 12 月范围内的配网物资的需求提报与出入库数据，重点选取 10kV 变压器、断路器、电力电缆、绝缘导线、水泥杆和铁塔六大类物资数据。通过挖掘分析，发现物资需求提报、出入库存在一定的季节性特征，如夏季的业务量显著上升。同时受节假日影响，业务量下降明显，如图 8-9 所示。

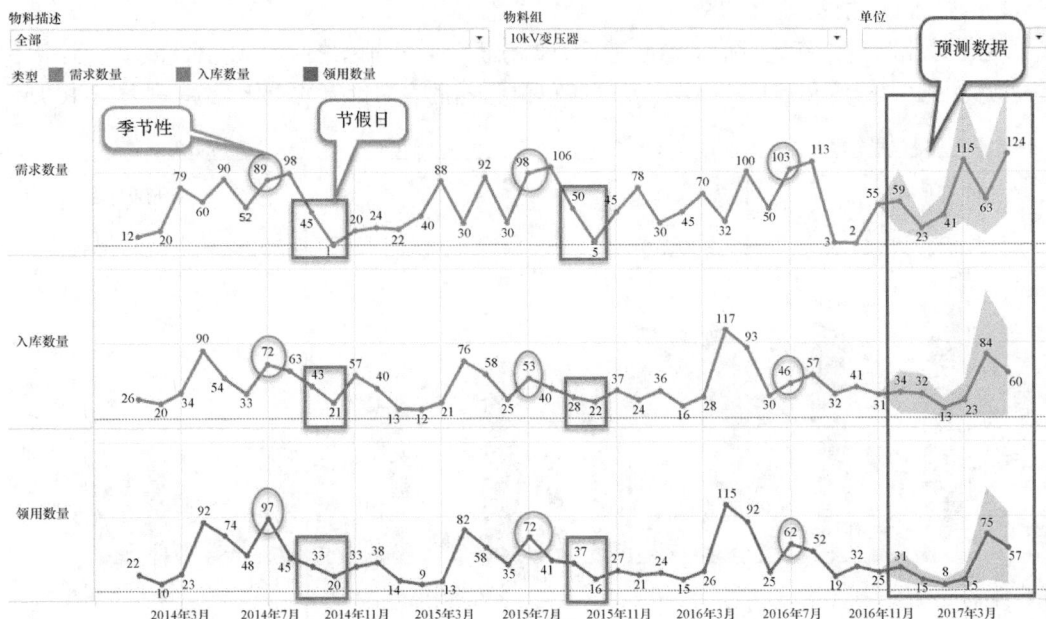

图 8-9 某电网企业物资需求、入库、领用情况

基于历史数据开展时间序列预测、预测值与项目管理情况，某电网企业调整配网项目物资申报方式，促进物资在需求、入库、领用三个阶段的协同协调度，并在城农网升级改造项目中予以实施，提升了配网物资管理水平。

8.6 场景六：废旧物资竞拍、溢价合规性分析

1. 挖掘目标的提出

废旧物资处置不仅是电网企业资产全寿命管理的重要环节，也是党风廉政建设的重点关注内容。在处置过程中，由于价格评估工作较难管控，导致实际拍卖价格较评估价格出现较大偏差，时常发生溢价率过高或过低的异常情况，存在违规处置隐患。本场景通过内部横向比较评估价格差异，外部关联分析主材料市场波动，揭示溢价率异常的原因，采取针对性措施，提升废旧物资处置水平。

2. 挖掘做法与过程

（1）数据采集。本场景数据主要来源于 ERP MM，包括废旧物资处置计划、废旧物资名称、废旧物资类别、废旧物资拍卖情况以及外部系统中的原材料价格信息等。

（2）数据处理。数据处理主要包括缺失值处理、异常值处理等。

1）缺失值处理。对于流拍批次数据中缺少中标价格、溢价率等关键字段的数据，予以剔除。

2）异常值处理。在废旧物资类别无法确定，采用其他类代替的，为保证数据统计和比对的准确性，在批次数据分析时对该部分物资对应的数据予以剔除。

（3）挖掘视角。

1）视角 1：拍卖溢价的变化。

通过对各批次物资集中拍卖结果进行数据分析，以双轴图的形式展示各批次拍卖中各单位的物资拍卖中标价和溢价率，从中发现各单位和各批次溢价率的变化规律，如图 8-10 所示。

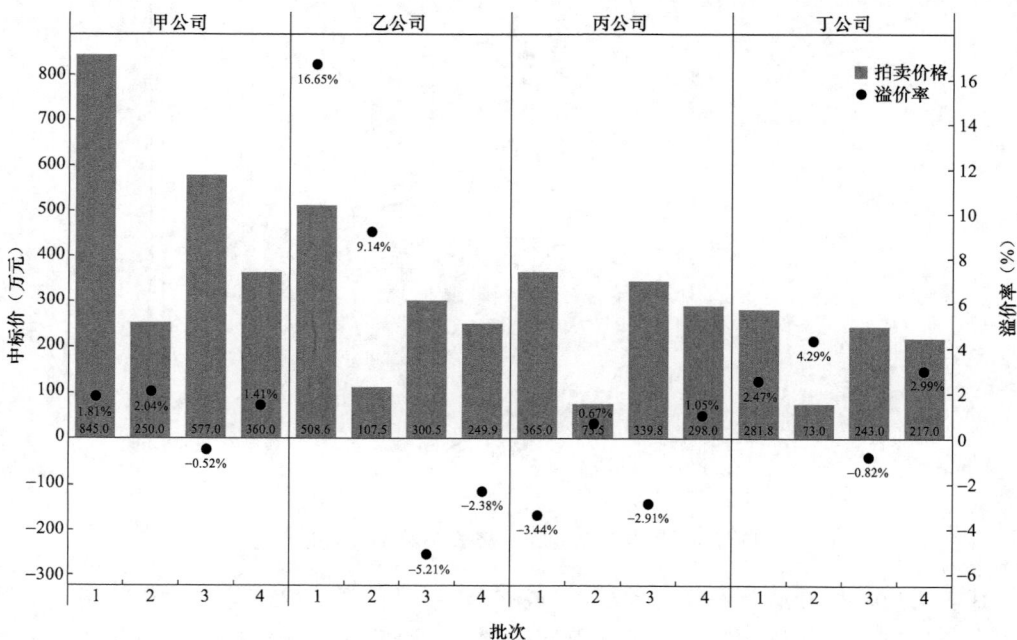

图 8-10　各单位中标价与溢价率情况

2）视角 2：物资评估对溢价的影响。

由于各家评估机构所熟悉、擅长的专业领域不同，导致同一种类物资的评估价格有明显差异，在集中批次拍卖时，不同单位因所选评估机构不同，导致同类型物资的拍卖溢价率差异较大。以浮球形式展示不同评估单位、不同类型物资的拍卖溢价率，从中发现不同评估机构对不同类别物资的评估能力有显著差异，如图 8-11 所示。

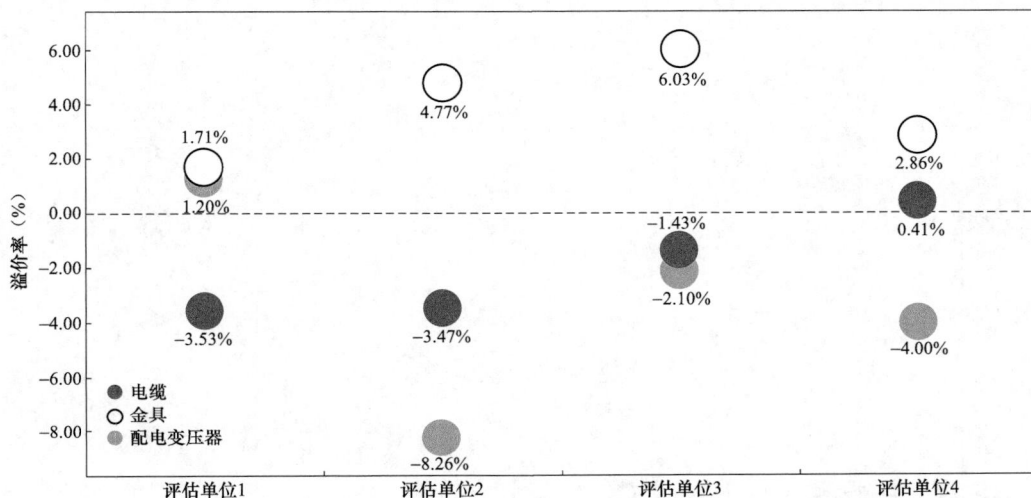

图 8-11　各单位不同物资的溢价率情况

3）视角 3：原材料价格变化对溢价的影响。

物资集中批次拍卖涉及拍卖信息收集、拍卖公告、中标公示等一系列工作，从物资评估至拍卖成交的时间跨度较长，如期间原材料市场价格出现较大波动，将导致最终拍卖价格与原评估价有较大偏差，如图 8-12 所示。

【应用案例 8-6】　对某电网企业 2015 年集中处置的 5 个批次 7 个标包明细数据进行监测发现，部分集中处置批次溢价率异常。其中溢价率大于 30% 的标包有 2 个，分别是 B 子公司的第五批和 C 子公司的第四批，溢价率分别达到了 67.99% 和 46.31%；溢价率小于 5% 的标包有 3 个，分别是 A 子公司的第一批、第五批和第六批，溢价率分别是 1.80%、1.37% 和 3.62%，如图 8-13 所示。

根据废旧物资集中处置溢价率异常情况，该电网企业对溢价率过高（大于 30%）的 2 个标包和过低（小于 5%）的 3 个标包进行了溢价率异常分析与调研。溢价率异常的主要原因有：

（1）资产评估价格明显偏低，如 2015 年第四批，C 子公司废旧配电变压器的评估单价较同批次 D 子公司的评估单价小了近 30%，造成溢价率明显偏高。

（2）集中处置时间较长，处置过程原材料价格波动较大，如 2015 年第五批，废旧物资评估日期为 6 月 11 日，拍卖日期为 7 月 24 日，历时一个半月，期间原材料铜的单价由 43860 元/t 下降至 39025 元/t，下降 11.02%，造成了溢价率明显偏低，如图 8-14 所示。

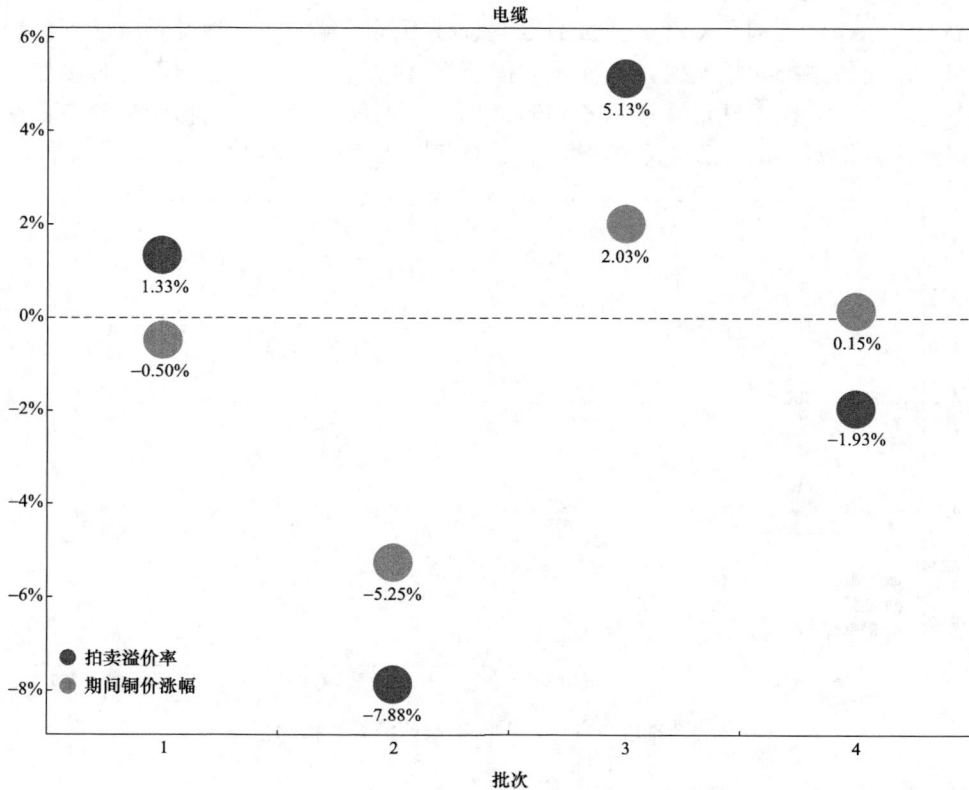

图 8-12　拍卖溢价率与铜价涨幅情况

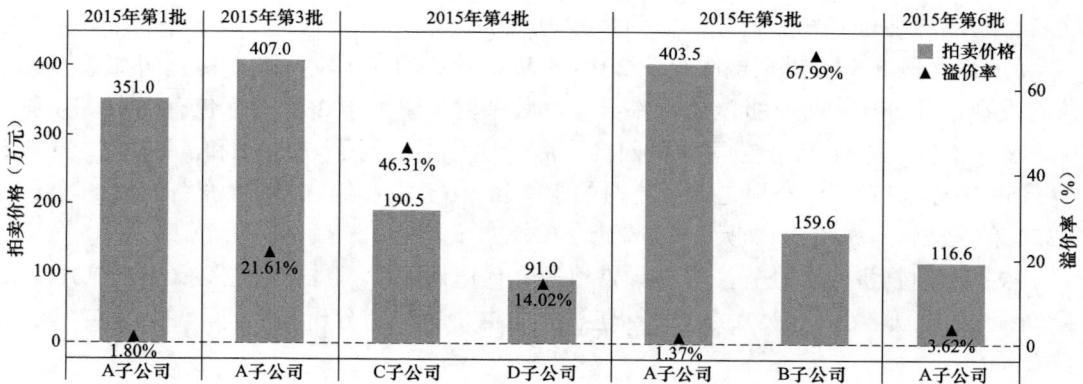

图 8-13　2015 年废旧物资集中处置中标金额与溢价率

　　针对发现的问题，该电网企业对资产评估机构的选择进行了规范，同时加强资产评估与原材料价格的联动，防止高估流拍、低估贱卖。明确处置时间节点后，尽可能根据主要原材料的价格变化情况合理确定保留价格。

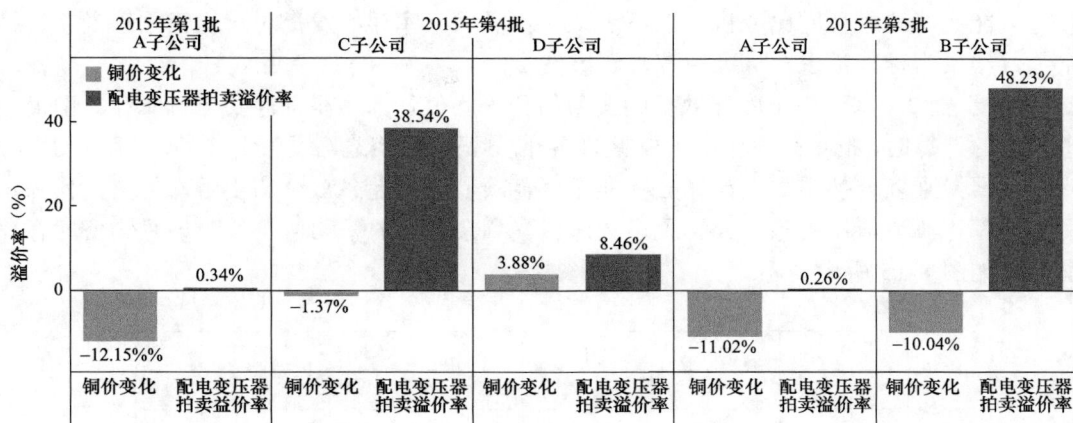

图 8-14 配变处置溢价与原材料价格变化关系

8.7 场景七：配网物资集中供应安全库存线测算

1. 挖掘目标的提出

当前电网企业主要采用供应商寄售模式集中配送配网项目物资。在补库过程中，由于配网项目实施过程中需求波动性大、集中释放等原因，易造成库存波动和积压、少数物资库存短缺、配送周期波动等诸多集中配送问题。为解决配送过程中的难点，通过对配网项目数据、历史出入库数据开展挖掘分析，提出物资集中供应安全库存线概念，采取有效的调度手段及时补库，解决仓库补库问题，引入安全补库线，通过安全、高效的补库，有效提升仓库资源利用率，满足日常项目、应急抢修"准时、保质、完整"的物资供应要求。

2. 挖掘做法与过程

（1）数据采集。本场景所需采集数据来源于 ERP 系统，主要包括配网项目情况、需求计划、发货、库存、计划偏差等数据。

（2）数据处理。数据处理主要包括异常值处理、数据冗余处理等。

1）异常值处理。在计算库存和发货数据时，针对极端自然灾害造成的集中发货以及上级需要进行跨区域调货的异常数据，需要进行 3 个月的平滑处理。

2）数据冗余处理。在计算需求计划数据时，需求计划提报后又进行了删除、物资出入库后又进行了冲销等冗余数据，需要进行剔除处理。在计算库存时，对废旧物资采用零价值管理方式，不占用库存金额，因此，对此部分数据予以剔除。

（3）挖掘视角。

1）步骤 1：转换系数计算。由于每年的配网工程数量和规模直接决定当年配网物资的库存水平、发货数量和变化趋势，所以需要进行基于历史投资的物资库存、发货、需求计划转换系数计算，设立转换系数，即

当期转换系数＝当年配网投资金额/历年平均配网投资金额

为能更好地进行同比分析，以下步骤计算需求、库存、发货时，均已乘以当期转换系数，结果为标准需求、标准库存、标准发货。

2）步骤 2：基于历史库存数据的典型值和平均值计算。在进行某个月库存典型值和平均值的计算时，批量采集中心库辖区内各市/县配网物资仓各历史年份中每月月初库存明细数据并乘以转换系数，计算出标准库存金额，取满足 80%个历史月份的值，作为该月物资库存典型值；去除最大、最小数值，取剩余数据的平均值，作为该月物资库存典型值，如图 8-15 所示。

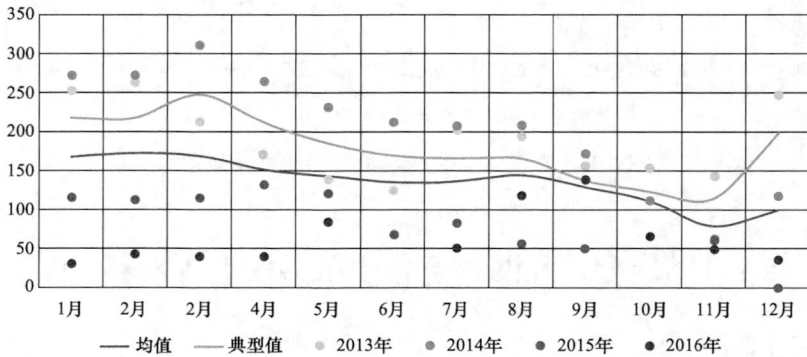

图 8-15　某物资按月库存典型值和平均值分布区间

3）步骤 3：基于历史发货数据的典型值和平均值计算。在进行某个月发货典型值和平均值的计算时，批量采集中心库辖区内各市/县配网物资仓各历史年份中每月每笔发货明细数据并乘以转换系数，计算出标准发货金额，取覆盖 80%个历史月份的值，作为该月物资发货典型值；去除最大、最小数值，取剩余数据的平均值，作为该月物资发货典型值，如图 8-16 所示。

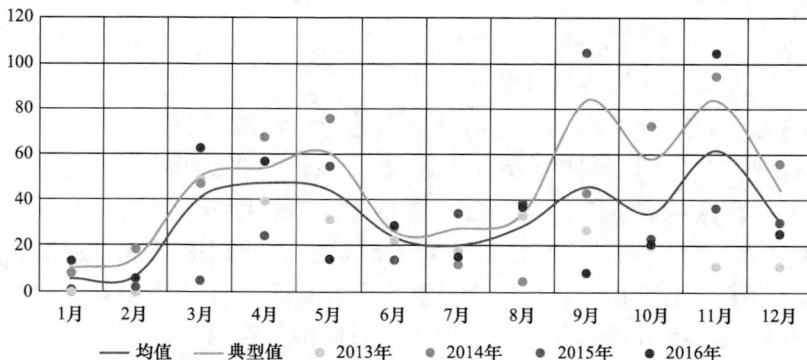

图 8-16　某物资按月发货典型值和平均值分布区间

4）步骤 4：根据当月物资需求计划计算设定安全库存线。物资安全库存设定规则示意图如图 8-17 所示。

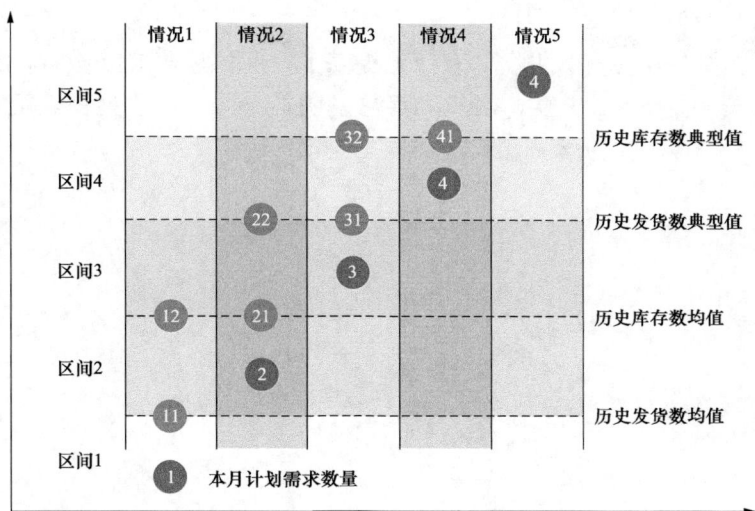

图 8-17 物资安全库存设定规则示意图

对计算的历史库存数据的典型值和平均值、历史发货数据的典型值和平均值进行罗列，根据物资 A 在某月的需求计划数量，某月安全库存线设定分为以下几种情况：

情况一：该月需求计划数量位于区间 1 内，图 8-17 中 1 点。若该物资该月历史计划偏差率和偏差幅度较低，则安全库存线在图 8-17 11 点附近取值；若该物资该月历史计划偏差率和偏差幅度较大，则安全库存线在图 8-17 12 点附近取值。

情况二：该月需求计划数量位于区间 2 内，图 8-17 中 2 点。若该物资该月历史计划偏差率和偏差幅度较低，则安全库存线在图 8-17 21 点附近取值；若该物资该月历史计划偏差率和偏差幅度较大，则安全库存线在图 8-17 22 点附近取值。

情况三：该月需求计划数量位于区间 3 内，图 8-17 中 3 点。若该物资该月历史计划偏差率和偏差幅度较低，则安全库存线在图 8-17 31 点附近取值；若该物资该月历史计划偏差率和偏差幅度较大，则安全库存线在图 8-17 32 点附近取值。

情况四：该月需求计划数量位于区间 4 内，图 8-17 中 4 点。若该物资该月历史计划偏差率和偏差幅度较低，则安全库存线在图 8-17 4 点附近取值；若该物资该月历史计划偏差率和偏差幅度较大，则安全库存线在图 8-17 41 点附近取值。

情况五：该月需求计划数量位于区间 5 内，图 8-17 中 5 点，则安全库存线取需求计划值。

【应用案例 8-7】 某电网企业对 2016 年配网物资进行库存测算，以 10kV 电缆终端为例，需求计划值在发货典型值与发货均值之间，同时该电缆终端的计划偏差率较低，因此取当月发货典型值作为安全补库线的参考值；以蝶式绝缘子为例，需求计划值在发货典型值与发货均值之间，同时该绝缘子的计划偏差率较大，因此取当月库存均值作为安全补库线的参考值。

通过配网物资安全库存线测算，有效地提高了仓库的运营 KPI 数据，2016 年二季度库存周转率提高到 4.5 次/季度，区域库存总量明显下降，一次性完整配送比率提高到 94%。

参 考 文 献

[1] 国家电网公司. 国家电网公司物资集约化管理［M］. 北京：中国电力出版社，2012.

[2] 寿猛生. 走进电力 ERP［M］. 浙江：浙江大学出版社，2014.

[3] 国网浙江省电力公司物资部（招投标中心）. 国网浙江省电力公司物资管理业务手册［M］. 北京：中国电力出版社，2015.

[4] 陈锡祥. 物资管理标准化作业指导书［M］. 北京：中国电力出版社，2015.

[5] 张世翔. 电力企业物流与供应链管理［M］. 北京：中国电力出版社，2016.

[6] 孙家庆，杨永志. 仓储与配送管理［M］. 北京：中国人民大学出版社，2016.

[7] 刘晶东，贺鹏鹰，胡鹏，等. ERP 与县级供电企业人、财、物信息化管理变革［J］. 安徽电力，2010，27（3）：70-71.

[8] 陈觉非. NW 电力公司物资管理信息系统分析与设计［D］. 硕士学位论文. 北京：华北电力大学，2014.

[9] 国网甘肃省电力公司. SAP ERP 系统在电网建设中的应用［M］. 北京：清华大学出版社，2014.

[10] 国家电网公司. 国家电网公司物力集约化管理实践与创新［M］. 北京：中国电力出版社，2015.

[11] 凌卫家，施永益. 数说电网运营：电网企业运营大数据分析案例集萃［M］. 北京：中国电力出版社，2016.

[12] 杨砚砚. 大型电网公司物资集约化仓储配送管理体系规划研究［D］. 硕士学位论文. 北京：华北电力大学，2011.

[13] 李马翔. 国家电网公司基于物资集约化模式下的物资合同管理［J］. 企业技术开发，2015，34（33）：139-139.

[14] 周亚. 省级电力公司物资集约化管理评价研究［D］. 硕士学位论文. 北京：华北电力大学，2014.

[15] 许翡. 供电公司物资集约化管理研究［D］. 硕士学位论文. 北京：华北电力大学，2011.

[16] 张良均，陈俊德，刘名军，等. 数据挖掘：实用案例分析［M］. 北京：机械工业出版社，2013.